「意味順」式

イラストと図解でパッとわかる

英文法図鑑

著 田地野彰

KADOKAWA

はじめに

―英文法の全体像を視覚的にとらえる―

英文法はどこから学べばよいのでしょうか？ ―この問いについてはこれまで明確な解答はありませんでした。その理由は、英文法の全体像が示されていなかったからです。

従来の英文法学習参考書をみると、たとえば、「第3章　時制」や「第4章　助動詞」のように、文法項目のリストにとどまっており、文法項目間の関係性についてはこれまで明示されていなかったように思われます。

文法項目を仮に「英文を正しく理解し、正しくつくるために必要な項目」としてとらえると、それぞれの文法項目は英文のどこかに位置づけられるはずです。

では、それぞれの文法項目は英文のなかでどの位置にあるのでしょうか。
本書では、英文法の全体像を示し、それぞれの項目が英文のなかでどのように位置づけられ、またどのようにつながっているのかをお見せしたいと思います。

教育言語学の最新の研究成果に基づきながら、英文法を俯瞰し、イラストを用いて英語のしくみをできるだけわかりやすく示したいと思います。

英文法をはじめて学ぶ方、あるいは再挑戦される方には、本書をとおして、英文法を「視覚的に」理解し、「体系的に」学習していただくことを願っております。本書がみなさまのこれからの英語学習の一助となれば幸いです。

令和3年2月　梅ほころぶ京都にて

田地野　彰

本書の特徴

本書はイラストを豊富に使って中学・高校英語のやり直しができる、英文法の「図鑑」です。学校でひと通り英語を学んだ社会人の方をおもな対象としていますが、学校で習う文法項目を見出しに立てていますので、英語をはじめて学ぶ方にも役立てていただけるようになっています。

特徴① 最新の教育言語学の研究成果に基づいた「意味順」メソッド

英語には「語句の順序が変わると、意味も変わる」という特徴があります。この特徴を教育に活かし開発されたのが「意味順」です。意味順はたった1つのパターンで英文のしくみを可視化できるもので、最新の教育言語学の研究成果に基づいたメソッドです。意味順メソッドを利用した英語教育は多数の中学・高校でも行われており、その高い有効性が報告されています。

特徴② 英語のしくみが目で見てわかる

本書はイラストを豊富に使用しました。今まで習った文法事項が視覚的につながり、楽しみながら英語のしくみが自然と頭に入る構成になっています。

特徴③ 中学・高校レベルの英文法を丸ごとおさらい

中学・高校で習う文法項目をひと通り取り上げているので、この1冊で中・高6年分の英文法が一気におさらいできます。細かい例外などはできるだけ省き、英語の語順や文法の基礎を理解できるようになっています。

「意味順」は本来、難しい文法用語を使わずに英語のしくみを説明できるメソッドですが、従来の学校英語の知識とリンクさせやすいよう、見出しや説明文中に文法用語を使用しています。社会人の方の英語やり直しに最適です。

本書は次のような構成になっています。

第1部　英文法の効果的な学び方

日本の学習者に英語が苦手な人が多いのはなぜなのでしょう？　私たちが英語に苦手意識を持つ理由を探り、英文法はどういうふうに学ぶと効果的なのかを解説します。本書の骨子となる、意味順メソッドの基本もここで説明します。

第2部　文のカタチを知ろう

通じる英文をつくるために重要な「語順」「文のカタチ」を学びます。

第3部　文法項目を知ろう

「時制」「助動詞」「進行形」など、文法項目を解説します。

第4部　文をつくるための品詞を知ろう

文をつくるために必要な「名詞」「代名詞」「形容詞」などの品詞を解説します。

本書をとおして、英文法の全体像を視覚的に理解し、体系的に文法を学ぶことができます。

CONTENTS

第3部 文法項目を知ろう

第4部 文をつくるための品詞をもっと知ろう

第 **1** 部

英文法の
効果的な学び方

なぜ「日本の学習者は英語が苦手」なのか？

◎ 苦手な理由がわかれば、効果的な学習法がわかる

社会人の方は中学校から英語を学び始め、中学・高校の6年間、場合によっては大学も含めて10年近く英語を学んでいるわけですが、それでも「英語が苦手」「英語は話せない」という声をひじょうによく聞きます。なぜ日本人はこれほどまでに英語が苦手なのでしょうか。

それは、**英語と日本語の違いが原因**です。
ここでは私たちがついやってしまいがちで、かつ「ここを間違うと通じない」という英語のミスを例に、日本の学習者が英語を苦手とする理由を見てみましょう。

理由①　語順の違いを意識できていない
日本語とは異なり、英語は語順によって意味が変わる言葉です。日本語では「その男性はりんごを食べた」でも「りんごをその男性は食べた」でも意味は通じますが、英語ではまったく意味の通じない文になってしまいます。ですから、**英語を話したり書いたりするときに絶対に避けたいミスは語順のミス**なのですが、英語の語順は日本語と異なるため、日本語を母語とする学習者にとって難しく感じられるのです。

正しい文
○ **The man ate the apple.**　その男性はりんごを食べた。

誤った文1：意味の通じる間違い
× **Man ate apple.**　→正しくは **The man ate the apple.**
間違いは下線の2か所ですが、語順は正しいので意味は通じるでしょう。

誤った文2：意味の通じない間違い

× **The apple ate the man.**

間違いは1か所（語順）のみですが、語順が誤っているため、「そのりんごが男性を食べた」と意味のまったく異なる文になってしまいます。これでは通じません。

The man ate the apple.
その男性はりんごを食べた。

The apple ate the man.
そのりんごが男性を食べた。

理由②　主語が抜け落ちる

日本語では主語をわざわざ言わないことがよくあります。言わなくても通じる場合、主語はたびたび省略されて「今日、何時に帰ってくる?」「7時くらいかな」といった言葉が飛び交っています。一方、**英語は例外を除き、一般に主語が必要な言葉**です。日本語の感覚をそのまま英語に持ち込むと、テストで×がついたり話したときに意味が通じなかったりします。

正しい文
○ **What time are you coming back today?** 今日、何時に帰ってくるの?

誤った文
× **What time coming back today?**

日本語では「あなたは」とわざわざ言いませんが、英語の文では主語が必要です。

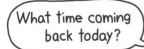

理由③　字面にとらわれる

英文の意味を考えず、日本語を英語にそのまま訳していると、変な英語になってしまいます。た

とえば喫茶店で「私は紅茶にするけど、あなたは何にする?」「僕はコーヒーだ」というやり取りがあった場合、「僕はコーヒーだ」をそのまま英語に置き換えると意味が変わってしまいます。

正しい文
○ **I'll have a cup of coffee.**
僕はコーヒー(をいただこう)。

誤った文
× **I'm coffee.**
× **I'm a cup of coffee.**
これでは「僕はコーヒーです」と言っていることになってしまいます。

◎ 日本人が英語を学ぶときに押さえるべきは「語順と意味」

ここまで挙げた3つの理由のうち、理由①と②は「語順」、理由②は「主語」、理由③は「意味」に関係していたミスです。ですから、逆に言うと「主語」を意識した**「語順」と「意味」を押さえておく**ことで、使える英語が身につき、英語への苦手意識も消えていきます。
そこで役立つのが、この本で使われている「意味順」のメソッドです。

「意味順」は、コミュニケーションに必要な情報の単位を「意味のまとまり」の単位としてまとめ、それを英語の文の構造(語順)に沿って並べたものです。

「コミュニケーションに必要な情報の単位」とは、いわゆる「5W1H(Who、What、Where、When、Why、How)」、つまり「だれ、なに、どこ、いつ、なぜ、どのように」のことです。
たとえば友人と食事の約束をしたときに必要になる情報を考えてみましょう。「待ち合わせは、今週木曜日午後7時に、渋谷ハチ公前で」のように、「いつ(when)」と「どこで(where)」の情報

はぜったいに欠かすことはできませんね。

これらはニュース記事を書く際に押さえておくべき基本単位だと言われています。ですから人に情報を伝達するとき、つまり**コミュニケーションをとるときの基本となる情報**が「5W1H」なのです。

「意味順」は、この5W1Hに対応した「意味のまとまり」の順序です。

だれが	する（です）	だれ・なに	どこ	いつ
who	does（is）	who(m)・what	where	when

オプション

どのようにして	なぜ
how	why

意味順の基本形は上の「だれが」「する（です）」「だれ・なに」「どこ」「いつ」で、オプションとして「どのようにして」「なぜ」があります。英文には必須の「動詞」を表す「する（です）」以外は、5W1Hに対応しているのがおわかりになると思います。

どんなに複雑な英文でも、この意味の順序に語句をあてはめれば比較的容易に英文の構造が理解できますし、自分で英文をつくることもできるのです。

つまり、意味順を覚えておけば、英文を自由に使いこなせるようになるのです。
次のページからさっそく、意味順の具体的な使い方を見ていきましょう。

「意味順」で英文のしくみが理解できる

◎ 「意味順」で英文が簡単につくれる

ここまでの説明を読んで、「本当?」と思った方もいらっしゃるかもしれませんね。実際に意味順を使って、英文をつくったり理解したりしてみましょう。

たとえば、「私たちは今朝、駅でナンシーに会った」という文を意味順を利用して英語にしてみます。下の質問に、一緒に答えてみてください。

この文で「だれが」にあたるものは?　　　→私たちは
この文で「する（です）」にあたるものは?　→会った
この文で「だれ・なに」にあたるものは?　　→ナンシーに
この文で「どこ」にあたるものは?　　　　→駅で
この文で「いつ」にあたるものは?　　　　→今朝

p.13の意味順をボックスにしたものを、「意味順ボックス」と呼びます。上の文を意味順ボックスにあてはめてみます。

だれが	する(です)	だれ・なに	どこ	いつ
私たちは	会った	ナンシーに	駅で	今朝

それぞれのボックス内の日本語を英語にしてみます。

だれが	する（です）	だれ・なに	どこ	いつ
私たちは **We**	会った **met**	ナンシーに **Nancy**	駅で **at the station**	今朝 **this morning.**

これで We met Nancy at the station this morning. という英文ができあがりました。

意味順ボックスを使うと、p.11 で説明した「主語の抜け落ち」を防ぐこともできます。日本語ではよく主語を省略しますから、先ほどの文も、会話では「今朝、駅でナンシーに会ったよ」などと言ったりしますね。これを意味順ボックスにあてはめてみましょう。

だれが	する（です）	だれ・なに	どこ	いつ
	会った **met**	ナンシーに **Nancy**	駅で **at the station**	今朝 **this morning.**

あれ？　ここが空っぽ！

←必要な要素の抜け落ちに気がつく

「だれが」「する（です）」はどんな英文にも含まれますから（p.22 の第1文型の項目参照）、ここが空っぽになっていると気がつくことで、文に必要な要素の抜け落ちを防げるのです。

「だれが」「する（です）」以外のボックスは、必ずしも常に語句が入るわけではありません。

They are my friends. 彼らは私の友達です。

だれが	する（です）	だれ・なに	どこ	いつ
彼らは **They**	です **are**	私の友達 **my friends.**		

◎「意味順」で複雑な英文を理解する

意味順は英文をつくるだけでなく、英文のしくみを理解することにも役立ちます。

一見複雑な英文も、意味順ボックスにあてはめて考えてみるとそのしくみを簡単に理解することができます。

次の英文を意味順で考えてみましょう。

I have a friend whose sister is a famous pianist.

私には妹が有名なピアニストである友人がいます。

だれが	する（です）	だれ・なに	どこ	いつ
私は **I**	持っている **have**	友人 **a friend**		

whose sister以降はどこに入る？

よく見ると、「I」と「whose sister」の2つの「だれが」、「have」と「is」の2つの「する（です）」があります。こういう場合は、意味順ボックスをもう1段増やして2段で考えます。

だれが	する（です）	だれ・なに	どこ	いつ
私は **I**	持っている **have**	友人 **a friend**		
（その友人の妹は） **whose sister**	です **is**	有名なピアニスト **a famous pianist.**		

意味順ボックスを使うことで、複雑に見える英文も理解しやすくなります。

◎ 「オプション」は「玉手箱」を利用する！

p.13で触れた「どのようにして」「なぜ」のオプションが登場する際は、「玉手箱」を利用します。「玉手箱」は疑問文や接続詞のある文に用いられます。

I didn't go there <u>because</u> I was very tired.

私はとても疲れていたので、そこに行かなかった。

玉手箱	だれが	する（です）	だれ・なに	どこ	いつ
	わたしは I	行かなかった didn't go		そこへ there	
（なぜなら）〜なので because	わたしは I	（〜で）いた was	とても疲れて very tired.		

because（なぜなら〜なので）を「玉手箱」に入れています。

「玉手箱」は「だれが」ボックスの前に置く、特別なボックスです。オプションの「どのようにして」「なぜ」をはじめ、疑問文や接続詞など、通常の意味順ボックスに入りきらない要素はこの「玉手箱」に入れて理解します。

Is Kumi a student? クミは学生ですか?

玉手箱	だれが	する（です）	だれ・なに	どこ	いつ
ですか Is	クミは Kumi		学生 a student?		

be動詞の疑問文は、本来「する（です）」ボックスに入っているbe動詞が前に出てくるため、「玉手箱」に入れています。

Ken likes singing and I like dancing. ケンは歌うのが好きで、私は踊るのが好きだ。

玉手箱	だれが	する（です）	だれ・なに	どこ	いつ
	ケンは Ken	好きだ likes	歌うことが singing		
そして and	私は I	好きだ like	踊ることが dancing.		

接続詞のandを「玉手箱」に入れています。

英語の全体像がわかる「意味順マップ」

◎「語順×文法項目」で正しい英語が身につく！

英文法はヨコ糸とタテ糸でとらえることができます。

ヨコ糸とは**語順（意味順）**のことで、文の構造にかかわっています。p.10で述べたように、英語には「語句の順序が変われば、意味も変わる」という特徴があります。語句の正しい並べ方さえ押さえておけばある程度、意味は通じます。多くの学習参考書において最初に文の構造（文型）を学ぶのはこの理由からです。

タテ糸は**文法項目**にかかわっています。たとえば時制や進行形、完了形、助動詞などです。

つまり、「ヨコ糸で通じる文を形づくり、タテ糸でその文に磨きをかける！」ということになります。

本書でもまずはヨコ糸からはじめ、第2部では文のカタチについて説明します。続く第3部でタテ糸の文法項目について説明したいと思います。本書をとおして、実際のコミュニケーションに役立つ「意味を重視した英文法学習」を楽しんでください。

次のページのイラストは、英文法のヨコ糸とタテ糸を示した「意味順マップ」です。本書を読み進める際には、**「今学んでいる内容が英文のどの位置にあるのか」**を意識していただくと、英

語の全体像が理解しやすくなるはずです。

意味順マップ

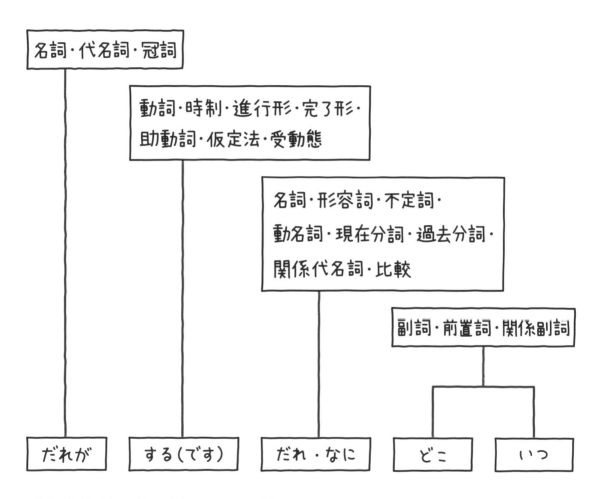

※複数の意味順要素に関係する文法項目については代表的な要素に関連づけてあります。

第 **2** 部

文のカタチを
知ろう

キラーン

わたくし、山田アキラと申します

営業部
山田アキラ

第1文型(SV)
「だれが」+「する（です）」

第1文型は、「だれが」（主語）と「する（です）」（動詞）の2つだけでも成り立つ文のことです。「主語＋動詞」は、どの英文にも含まれるとても大切な要素。英文を形づくる上で土台になる部分です。「だれが」はふつう「生き物」ですが、「なにが」として「モノ」や「コト」が入ることもあります。

第1文型の位置づけ

第1文型が関係するのはおもに ［だれが］［する（です）］ のボックス！

They laughed. 彼らは笑った。

だれが	する（です）	だれ・なに	どこ	いつ
彼らは **They** 主語	笑った **laughed.** 動詞			

「だれが」（主語）＋「する（です）」（動詞）は、文の構造上、基本となる大事な要素！

It rained yesterday. 昨日、雨が降った。

だれが	する（です）	だれ・なに	どこ	いつ
（天候を表すIt） It	雨が降った rained			昨日 yesterday.

She is swimming in the pool now. 彼女は今プールで泳いでいる。

だれが	する（です）	だれ・なに	どこ	いつ
彼女は She	泳いでいます is swimming※1		プールで in the pool	今 now.

※1 現在進行形はp.84の進行形で詳しく説明します。

> 5文型で必要なボックスは「だれが」「する（です）」「だれ・なに」のみ。
> 「どこ」「いつ」に入る語句は、「する（です）」を飾る言葉（修飾語）となります。

だれが	する（です）
彼女は She	泳いでいます is swimming.

> これだけでも
> 通じるね。

中には、「どこ」が知りたくなる場合もあります。次の2つの例を見てみましょう。

思わず、「どこに!?」とツッコミを入れたくなりませんか？
これだけだと、情報が足りない感じがしますね。では、「どこ」を入れてみましょう。

She lives in Osaka. 彼女は大阪に住んでいます。

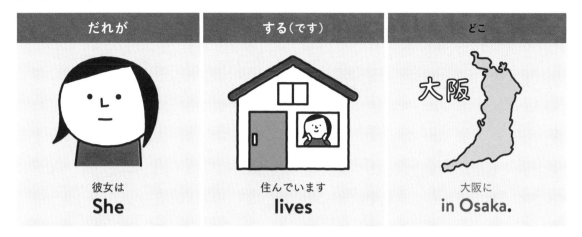

だれが	する（です）	どこ
彼女は **She**	住んでいます **lives**	大阪に **in Osaka.**

Your bag is on the table. あなたのかばんはテーブルの上にあります。

だれが	する（です）	どこ
あなたのかばんは **Your bag**	あります **is**	テーブルの上に **on the table.**

※上のbe動詞（is）は「です」ではなく、「ある / いる」という意味。
※学校で習う5文型では「どこ」「いつ」を修飾語としてこれらの文を第1文型と同じように扱いますが、欧米の文法書の中には別の文パターンとして扱うものもあります。

今度は、ツッコミを入れなくても意味が通じますね。このように、5文型で扱われていない「どこ」ですが、**「意味順」で考える**と「どこ」があったほうがよいことが理解できるでしょう。情報が足りない、と思ったら、「意味順」でツッコミを入れてみましょう。

第2文型 (SVC)
「だれは」「です」「だれ・なに」

「人の名前や職業、性格など」「人・モノ・コトの状態や様子」を紹介するときによく使うのがこの文型です。「だれが」（主語）を「だれ（人の名前）・なに（職業や性格など）」で説明するため、「だれが」＝「だれ・なに」の関係になります。この文型では「する（です）」は、おもに「です」の意味になります。

わたくし、山田アキラと申します

キラーン

営業部 山田アキラ

第2文型の位置づけ --

第2文型が関係するのはおもに［だれが］［する（です）］［だれ・なに］のボックス！

I am Haruka. 私はハルカです。（私＝ハルカ）

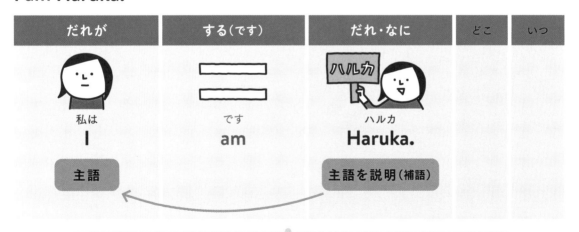

だれが	する（です）	だれ・なに	どこ	いつ
私は	です	ハルカ		
I	**am**	**Haruka.**		
主語		主語を説明（補語）		

第2文型は「だれが」＝「だれ（なに）」と、イコールの関係になる！
補語とは、主語「だれが」や目的語「だれ・なに」を説明する言葉のことです。

第2文型は、「彼女は先生なんです（She is a teacher.）」と人の職業を紹介したり、「彼って、面白いよね（He is funny.）」など人の性格を伝えたり、「おなかいっぱい（I'm full.）」のように、自分の状態を伝えたりしたいときなどに使える文型です。

be動詞には「〜です」という意味があり、I am Akira.（僕はアキラです、I＝Akira）や They are my colleagues.（彼らは私の同僚です、They＝my colleagues）のように、be動詞は「だれが」と「だれ・なに」をイコールでつなぎます。

また、「する（です）」がbe動詞のとき、ふつう「だれ・なに」には、teacher（先生）などの**名詞**や funny（面白い）、full（満腹の）などの**形容詞**などが入ります。

They are my friends. 彼らは私の友人です。（彼ら＝私の友人たち）

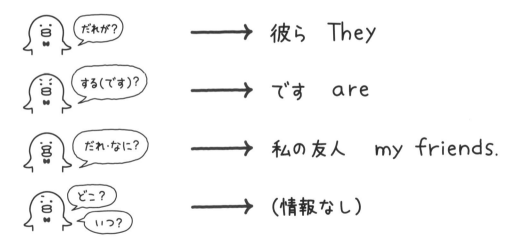

だれが	する（です）	だれ・なに	どこ	いつ
They	are	my friends.		

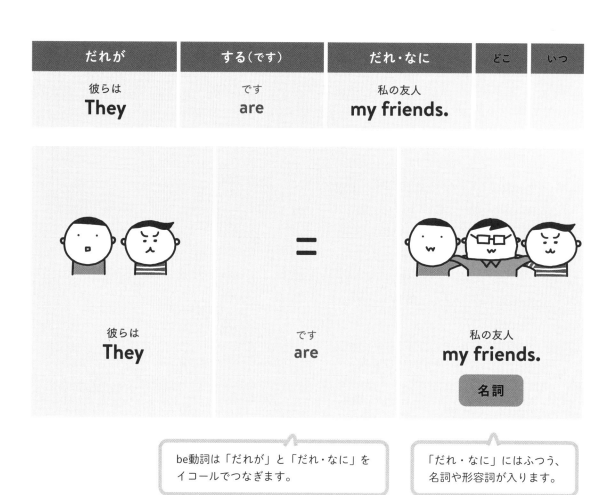

だれが	する（です）	だれ・なに	どこ	いつ
彼らは **They**	です **are**	私の友人 **my friends.**		

彼らは
They

=

です
are

私の友人
my friends.

名詞

be動詞は「だれが」と「だれ・なに」を
イコールでつなぎます。

「だれ・なに」にはふつう、
名詞や形容詞が入ります。

まだある！「＝（イコール）」の役割をする動詞

「だれが」と「だれ・なに」を結ぶためにbe動詞（〜です）がよく使われますが、「＝（イコール）」の役割をする動詞は、be動詞以外にもあります（例：become、keep）。be動詞以外の動詞はふつう**一般動詞**と呼ばれ、基本的に「〜する」という意味を表します。その一般動詞で、「＝（イコール）」の役割をする代表的な動詞を２つ紹介します。

look
（～のように見える）

Your scarf looks very nice.
あなたのスカーフは（見たところ）とても素敵ですね。（スカーフ＝素敵）

だれが	する（です）	だれ・なに	どこ	いつ
あなたのスカーフは **Your scarf**	見える **looks**	とても素敵に **very nice.**		

あなたのスカーフは **Your scarf**	＝ 見える **looks**	とても素敵に **very nice.**

sound
（～に聞こえる）

Your opinion sounds fine.
あなたの意見は（聞いたところ）良いと思います。（意見＝良い）

だれが	する（です）	だれ・なに	どこ	いつ
あなたの意見 **Your opinion**	（～のように）聞こえる **sounds**	良い **fine.**		

あなたの意見 **Your opinion**	＝ 思う **sounds**	良い **fine.**

第2文型に入る動詞は他にも、seem（～のように見える［思われる］）、feel（～の感じがする）、become（～になる）、keep（～のままでいる）、get（～になる）などがあります。

第3文型（SVO）
「だれが」「する」「だれ・なに」

「私は読む（主語＋動詞）」に「本を（目的語）」が入った形が第3文型です。日本語では「私は本を読む」ですが、英語では「私は／読む／本を」の語順になります。「私は顔を洗う（私は／洗う／顔を）」や「私は昼食をとる（私は／とる／昼食を）」などの日々の行動の多くはこの第3文型で表します。「だれ・なに」の中点〈・〉は「または」ととらえます。

第3文型の位置づけ ---

第3文型が関係するのはおもに［だれが］［する（です）］［だれ・なに］のボックス！

I enjoy karaoke. 私はカラオケを楽しむ。

だれが	する（です）	だれ・なに	どこ	いつ
私は **I** 主語	楽しむ **enjoy** 動詞	カラオケを **karaoke.** 目的語		

第3文型は「主語＋動詞＋目的語」の形！
目的語は、動作の対象を指します。「だれが」と「だれ・なに」の間にイコールの関係はありません。

「だれ・なに」のボックスには、「だれ（人）」または「なに（モノ・コト）」のどちらかが入ります。

We saw Nancy at the station this morning.

私たちは今朝、駅でナンシーに会った。

だれが	する（です）	だれ・なに	どこ	いつ
私たちは **We**	会った **saw**	ナンシーに **Nancy**	駅で **at the station**	今朝 **this morning.**

I sent a letter to my aunt yesterday.　私は昨日、叔母に手紙を送った。

だれが	する（です）	だれ・なに	どこ	いつ
私は **I**	送った **sent**	手紙を **a letter**	叔母（の元）に **to my aunt**	昨日 **yesterday.**

第4文型（SVOO）
「だれが」「する」「だれ・なに」

第4文型は、「だれ・なに」の中点〈・〉を「そして」ととらえ、「だれに」「なにを」があるのがポイントで、「**友人に**プレゼントをあげる」や「**店員さんに**道をたずねる」など、人に対して何かをする場合によく使われるタイプです。ここでの「だれ・なに」は、「だれに」「なにを」という意味を表します。

第4文型が関係するのはおもに［**だれが**］［**する（です）**］［**だれ・なに**］のボックス！

Her mother gave her a present. 彼女の母は彼女にプレゼントをあげた。

だれが	する（です）	だれ・なに		どこ	いつ
彼女の母は **Her mother**	あげた **gave**	彼女に **her**	プレゼントを **a present.**		

第4文型は、「だれに」「なにを」を意識しよう！

第4文型は「だれが／する／だれに／なにを」の語順になります。

She taught me English. 彼女は私に英語を教えてくれた。

だれが	する（です）	だれ ・ なに		どこ	いつ
彼女は **She**	教えた **taught**	私に **me**	英語を **English.**		

I asked him how to cook. 私は彼に料理の仕方をたずねた。

だれが	する（です）	だれ ・ なに		どこ	いつ

だれが	する（です）	だれ ・ なに		どこ	いつ
私は **I**	たずねた **asked**	彼に **him**	料理の仕方を **how to cook.**		

> how to cook（料理の仕方）のように、2語以上の長い語句が来ても、「意味順」で考えれば、「なにを」のボックスに入れればよいことがわかります。

第3文型で学習した次の文も、人に対しての行為を伴う場合は、第4文型で表すこともできます。

I sent a letter to my aunt yesterday. 私は昨日、叔母に手紙を送った。

だれが	する (です)	だれ・なに	どこ	いつ
私は **I**	送った **sent**	手紙を **a letter**	叔母（の元）に **to my aunt**	昨日 **yesterday.**

I sent my aunt a letter yesterday. 私は昨日、叔母に手紙を送った。

だれが	する (です)	だれ ・ なに		どこ	いつ
私は **I**	送った **sent**	叔母に **my aunt**	手紙を **a letter**		昨日 **yesterday.**

第4文型の文で I sent my aunt a letter. の a letter を省くと、「私は叔母を送った」というおかしな文になるので、「だれ・なに」の語順を忘れずに。ここで「叔母に」を「どこに」としてとらえることもできます。ただし、I sent a letter to my aunt. では（叔母に手紙を送ったが）必ずしも「叔母が手紙を受け取った」とは限りません。他方、I sent my aunt a letter. では「叔母が手紙を受け取った」の意味が含まれます。

長い文は、「マトリョーシカ」構造で読み解く！ -------------------------------

「だれ・なに」には、短い語句だけでなく、次のように文の形になったものも入ります。

He told me that he was busy. 彼は私に（自分は）忙しいと（いうことを）言った。

だれが	する (です)	だれ ・ なに		どこ	いつ
彼は **He**	言った **told**	私に **me**	彼は忙しいということを **that he was busy.**		

「なにを」に、he was busy「彼は忙しかった」という、もう1つの文が入っています。
この部分を取り出して、もう一段、意味順ボックスをつくってみましょう。

1つの文に、もう1つの文が「入れ子」のようになっているのがわかります。ロシアの人形、マトリョーシカのように、1つの文（節と呼びます）の中に、もう1つの文（節）が入っているのです。2つの文（節）をつなぐthatは接続詞ですので、thatを先ほど紹介した2段目の「玉手箱」で扱うこともできます。
このように、一見長い文でも、「意味順」を使えば横に長くなるのではなく、階層として下に続くので複雑な構造も理解しやすくなります。

第5文型（SVOC）
「だれが」「する」「だれ・なに」

あんたは
きょうから ポチよ

第5文型は「母は**そのねこをポチと**名づけた」、「彼女は**彼をビリーと**呼んでいる」など「だれ・なに」を「だれを」「なにと」ととらえるのがポイントです。「そのねこ」も「ポチ」も同じねこを指しているので、「そのねこ（目的語）」＝「ポチ」の関係が成り立ちます。イコールの形は第2文型にも登場しましたね。

第5文型の位置づけ -------------------------------

第5文型が関係するのはおもに［だれが］［する（です）］［だれ・なに］のボックス！

She calls him Billy. 彼女は彼をビリーと呼ぶ。（彼＝ビリー）

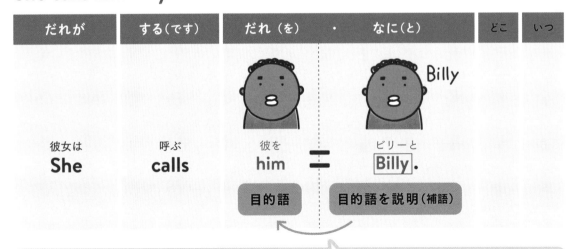

だれが	する（です）	だれ（を）　・　なに（と）		どこ	いつ
彼女は **She**	呼ぶ **calls**	彼を **him**	ビリーと **Billy.**		
		目的語	目的語を説明（補語）		

第5文型は、「だれを（目的語）」＝「なにと（補語）」「だれが」「なんだ」の関係になる！
※補語は、「主語」や「目的語」を説明します。

第5文型は、第4文型と同様に「だれ・なに」の両方を使いますが、第5文型では、「だれ」と「なに」がふつうイコールの関係にあります。たとえば次の文では this ship＝Asuka（この船＝アスカ）となり、その次の文では、her＝the president（彼女＝社長）となります。この項目で紹介している例文に出てくる動詞のほか、leave（だれをなにに任せる）、keep（だれをなにのままにする）といった動詞がこの文型で使われます。

They named this ship Asuka. 彼らはこの船をアスカと名づけた。（この船＝アスカ）

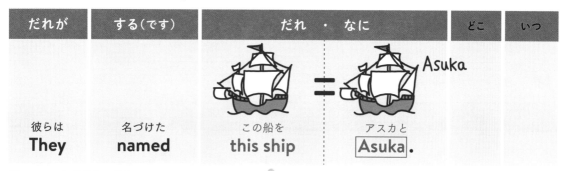

だれが	する（です）	だれ ・ なに		どこ	いつ
彼らは **They**	名づけた **named**	この船を **this ship**	アスカと Asuka.		

※name: 〜に名前をつける

「だれ」には、the ship（その船）など、人以外のものも入ります。

We elected her the president. 私たちは彼女を社長に選んだ。（彼女＝社長）

だれが	する（です）	だれ ・ なに		どこ	いつ
私たちは **We**	選んだ **elected**	彼女を **her**	社長に the president.		

※elect: 〜を選出する

He painted the wall white. 彼はその壁を白く塗った。（壁＝白い）

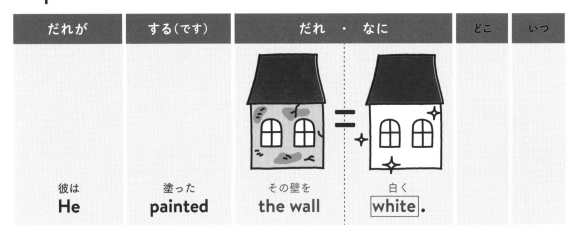

だれが	する（です）	だれ ・ なに		どこ	いつ
彼は **He**	塗った **painted**	その壁を **the wall**	白く **white** .		

Her speech made us happy. 彼女の演説で私たちはうれしくなった。（私たち＝うれしい）

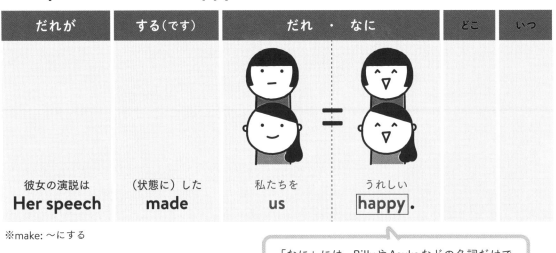

だれが	する（です）	だれ ・ なに		どこ	いつ
彼女の演説は **Her speech**	（状態に）した **made**	私たちを **us**	うれしい **happy** .		

※make: 〜にする

「なに」には、BillyやAsukaなどの名詞だけでなく、whiteやhappyなどの形容詞も入ります。

ここまで、従来の５文型を参照しながら、「意味順」について紹介してきました。仮に５文型を忘れても、また目的語や補語といった文法用語がわからなくても、文を「だれが」「する（です）」「だれ・なに」「どこ」「いつ」の「意味順」に並べていけば、意味からダイレクトに英文をつくることができるのです。

彼はほほ笑んだ。（第１文型）⇒He smiled.

だれが	する（です）	だれ・なに	どこ	いつ
彼は **He**	ほほ笑んだ **smiled.**			

彼女は僕の英語の先生です。（第２文型）⇒She is my English teacher.

だれが	する（です）	だれ・なに	どこ	いつ
彼女は **She**	です **is**	僕の英語の先生 **my English teacher.**		

昨日、彼女に公園で会いました。（第３文型）⇒I met her in the park yesterday.

だれが	する（です）	だれ・なに	どこ	いつ
私は **I**	会いました **met**	彼女に **her**	公園で **in the park**	昨日 **yesterday.**

私は彼に本を貸した。（第４文型）⇒I lent him a book.

だれが	する（です）	だれ	・	なに	どこ	いつ
私は **I**	貸した **lent**	彼に **him**		本を **a book.**		

私たちは彼を私たちのチームリーダーに選んだ。（第５文型）⇒We elected him our team leader.

だれが	する（です）	だれ	・	なに	どこ	いつ
私たちは **We**	選んだ **elected**	彼を **him**		私たちのチームリーダーに **our team leader.**		

There構文
「〜がある（いる）」の文

参考書ではふつう第1文型（SV）として扱われていますが、本書ではThere構文として扱うことにします。「テーブルの下にねこがいる」「机の上に本が2冊ある」など、「(どこそこに）〜がある（いる）」という意味を表す文です。英語では、必ず主語が必要なのでThere is のThereがとりあえず置かれていますが、特に意味はありません。

There構文の位置づけ -

There構文が関係するのはおもに［だれが］［する（です）］［どこ］のボックス!

There is a cat under the table. テーブルの下にねこが一匹いる。

だれが	する(です)	だれ・なに	どこ	いつ
	(〜が) いる	一匹のねこ	テーブルの下に	
There	is	a cat	under the table.	

There is/are ...で、「(ある場所に) 不特定の人［モノ］がいる［ある］」という意味。
後ろには不特定の人やモノ（a catやsome booksなど）と場所「どこ」が続く!

040

There <u>is</u> か There <u>are</u> かは、**後ろに続く名詞の数や人称で決まります。**

There <u>is</u> <u>a</u> <u>child</u> in the park. 公園に子どもが（1人）いる。

だれが	する（です）	だれ ・ なに	どこ	いつ
存在の there **There**	（〜が）いる **is**	1人の子ども **a child**	公園に **in the park.**	

後ろは「1人の子ども」な
ので、be動詞は is。

There <u>are</u> <u>some</u> books on the desk. 机の上に本が何冊かある。

だれが	する（です）	だれ ・ なに	どこ	いつ
存在の there **There**	（〜が）ある **are**	何冊かの本 **some books**	机の上に **on the desk.**	

後ろは「何冊かの本」と
複数なのでbe動詞はare。

「〜がある（いる）」と現在のことを話すほかに、「〜があった（いた）」と過去のことを話したり、「〜があるだろう（いるだろう）」と未来のことを言うときには、There＋be動詞のbe動詞をそれぞれ次のように変えます（時制についてはp.76で詳しく説明します）。

be動詞	現在形　ある(いる)	過去形　あった(いた)	未来形　ある(いる)だろう
単数形	is	was	will be
複数形	are	were	

※単数形は1人（1つ）の場合、複数形は2人（2つ）以上の場合を表します。

・現在形「〜がいる（ある）」→There is/are...

There are many people in that new restaurant.
あの新しいレストランにはたくさんの人がいる。

だれが	する（です）	だれ ・ なに	どこ	いつ
存在の there There	いる are	たくさんの人が many people	あの新しいレストランに in that new restaurant.	

・過去形「〜があった（いた）」→There was/were...

There was a cat under the table ten minutes ago.

10分前テーブルの下にねこが一匹いた。

だれが	する（です）	だれ・なに	どこ	いつ
存在の there **There**	いた **was**	一匹のねこが **a cat**	テーブルの下に **under the table**	10分前 **ten minutes ago.**

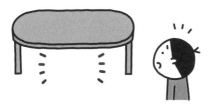

・未来形「〜があるだろう（いるだろう）」→There will be...

There will be a meeting in this room tomorrow.

明日、この部屋でミーティングがあるだろう。

だれが	する（です）	だれ ・ なに	どこ	いつ
存在の there **There**	あるだろう **will be**	ミーティングが **a meeting**	この部屋で **in this room**	明日 **tomorrow.**

> will は「〜だろう」という意味の助動詞（詳しくは p.80 の助動詞で）。

平叙文（肯定文・否定文）
要するに「ふつうの文」

平叙文は、もっとも基本的な文で、事実をありのまま述べたり、自分の意見や気持ちを表すふつうの文のことです。文頭は大文字、文末にはピリオドをつけます。平叙文には、肯定文（「私は納豆が好きです」）と否定文（「私は納豆が好きではありません」）の2種類があります。

平叙文の位置づけ -

平叙文（肯定文・否定文）はふつう情報を伝える文のことで、「意味順」の基本に沿った文のことです。

肯定文　**They are my classmates.**　彼女たちは私のクラスメイトです。

だれが	する（です）	だれ・なに	どこ	いつ
彼女たちは **They**	＝ （イコール） です **are**	私のクラスメイト **my classmates.**		

否定文　**They are not my classmates.**　彼らは私のクラスメイトではありません。

だれが	する（です）	だれ・なに	どこ	いつ
彼らは **They**	ではありません **are not**	私のクラスメイト **my classmates.**		

平叙文には、肯定文と否定文がある！　肯定文は「〜する」「〜である」、否定文は「〜しない」「〜でない」という意味になる。

be動詞（〜です）には、**is、am、are** があります。過去形にするときには、is、am⇒**was**、are⇒**were** に変えます。否定文（〜ではありません）にするには、「**be動詞＋not**」を入れます。

(1) 肯定文（現在形）　**She <u>is</u> a teacher.**　彼女は先生です。

　　　（過去形）　**She <u>was</u> a teacher.**　彼女は先生でした。

(2) 否定文（現在形）　**They are <u>not</u> my classmates.**
　　　　　　　　　　彼らは私のクラスメイトではありません。

　　　（過去形）　**They were <u>not</u> my classmates.**
　　　　　　　　　　彼らは私のクラスメイトではありませんでした。

※is（was）not＝isn't（wasn't）、are（were）not＝aren't（weren't）と略すことができます。

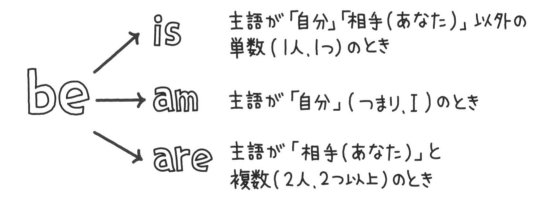

- -

一般動詞はbe動詞以外の動詞のことです。**一般動詞を使った文の否定形（現在形）**は、「**don't/ doesn't＋動詞の原形**」が入ります。過去形は、don't/doesn't⇒**didn't**にします。

（1）（現在形）肯定文　I like music.　私は音楽が好きです。
　　　　⇒否定文　I <u>don't</u> like music.　私は音楽が好きではありません。

※don't は do not、doesn't は does not の短縮形です。「する→しない」「～である→～ではない」のように、動作や状態を
　否定するものなので「する（です）」ボックスに入ります。

主語がHe や She になると、動詞に（e）sがつき（3単現のs）、don't がdoesn't に変わります。
（現在形）肯定文　She likes music.　彼女は音楽が好きです。
　　　⇒否定文　She <u>doesn't</u> like music.　彼女は音楽が好きではありません。

※「3単現のs」とは、主語がI と You 以外の1人または1つの3人称・単数のとき、現在形の一般動詞に -s または -es をつけ
　ることをいいます（例：play⇒plays、study⇒studies）（詳しくはp.78で）。

（2）（過去形）肯定文　**He play<u>ed</u> the violin <u>yesterday.</u>**

彼は昨日、バイオリンを弾きました。

　　　⇒否定文　**He <u>didn't play</u> the violin yesterday.**

彼は昨日、バイオリンを弾きませんでした。

だれが	する（です）	だれ・なに	どこ	いつ
彼は **He**	弾いた **played**	バイオリンを **the violin**		昨日 **yesterday.**

だれが	する（です）	だれ・なに	どこ	いつ
彼は **He**	弾かなかった **didn't play**	バイオリンを **the violin**		昨日 **yesterday.**

一般動詞の過去形は、「だれが」に入る主語に関係なく、
否定形はふつう「**didn't＋動詞の原形**」になります
（一般動詞の過去形はp.72で詳しく説明します）。

疑問文
「?」マークで相手にたずねる

Passport?

「疑問文」とは、相手に質問をするときに使う文のことです。疑問文には、「はい、いいえ」で答える疑問文（Yes/Noタイプ）と、Who（だれ）やWhat（なに）、Where（どこで）、When（いつ）などの疑問詞を使って時や場所などをたずねる疑問文（疑問詞タイプ）があります。

疑問文の位置づけ

疑問文が関係するのは、おもに［**する（です）**］のボックスと［**玉手箱**］！

・Yes／Noの疑問文→be動詞の場合は「玉手箱」に移す

Is Kumi a student? クミは学生ですか？

玉手箱	だれが	する（です）	だれ・なに	どこ	いつ
ですか **Is**	クミは **Kumi**	(is)	学生 **a student?**		

・疑問詞（5W1H）を使った疑問文→「玉手箱」を使う

What is her name? 彼女の名前は何ですか？

玉手箱	だれが	する（です）	だれ・なに	どこ	いつ
何ですか **What is**	彼女の名前は **her name?**	(is)	(what)		

「だれが」の前に入る特別なボックスを、本書では「玉手箱」と呼びます。疑問文や重文・複文に対応するために必要なものです。

be動詞を「玉手箱」に入れ、文末にクエスチョンマーク「?」をつけます。

Is **Kumi a student?**　クミは学生ですか?

玉手箱	だれが	する（です）	だれ・なに	どこ	いつ
ですか **Is**	クミは **Kumi**	は **(is)**	学生 **a student?**		

答えるときは、「玉手箱」にYesかNoを入れ、Noなら「する（です）」にnotを入れます。

玉手箱	だれが	する（です）	だれ・なに	どこ	いつ
はい **Yes,**	彼女は **she**	そうです **is.**			
いいえ **No,**	彼女は **she**	ちがいます **isn't.**			

※「だれが」はKumi⇒she、Kenji⇒he、Kumi and Kenji⇒theyのように代名詞になります。英語では同じ名詞を繰り返さず、できるだけ代名詞に置き換えます（代名詞についてはp.152で詳しく説明します）。

英語は同じ名詞を繰り返さず代名詞に置き換える

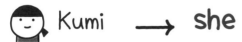 Kumi ⟶ she

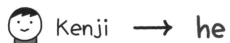 Kenji ⟶ he

 Kumi and Kenji ⟶ they

「〜しますか?」と現在のことをたずねるときには、「玉手箱」にDo／Does（現在形）を入れ、「する（です）」の動詞を原形にします。「〜しましたか?」と過去のことをたずねるときは、Didを「玉手箱」に入れ、動詞を原形にします。

Do you like coffee?　コーヒーは好きですか?

玉手箱	だれが	する（です）	だれ・なに	どこ	いつ
〜か? **Do**	あなたは **you**	好き **like**	コーヒーを **coffee?**		

Yes, I do.／No, I don't.　はい、好きです。／いいえ、好きではありません。

玉手箱	だれが	する（です）	だれ・なに	どこ	いつ
はい **Yes,**	私は **I**	好きです **do.**			
いいえ **No,**	私は **I**	好きではありません **don't.**			

HeやSheのときの疑問文はDoesになります。

<u>Does</u> she like dogs?　彼女は犬は好きですか?
⇒Yes, she <u>does</u>.／No, she <u>doesn't</u>.　はい、好きです。／いいえ、好きではありません。

> 疑問詞って？

Who（だれ）、What（なに）、Where（どこ）、When（いつ）、
Why（なぜ）、How（どのように）の 5W1H のこと。

疑問詞を使った疑問文とは、**What** time is it?（今、何時?）や **Where** is the library?（図書館はどこ?）などの文のことです。意味順ボックスには「だれが」「なに」「どこ」「いつ」と、5W1H のうち 4 つがすでに含まれています。つまり、この意味順の基本の 1 パターンで、Who、What、Where、When の文もつくれるようになるのです。
※Why と How はオプションとして「玉手箱」で扱うことができます。

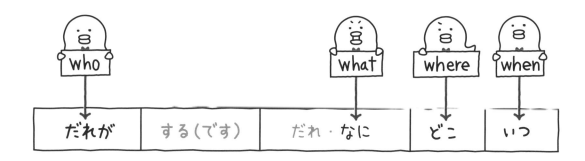

> これらをたずねる
> 文をつくればいい
> んだね！

疑問詞を「玉手箱」に入れ、そのあとは疑問文が続きます。ツッコミを入れながらつくってみましょう。

He plays soccer <u>in the park</u> after school. 彼は放課後、<u>公園で</u>サッカーをします。

↑下線の部分をたずねる疑問文をつくってみよう！

「公園で」は場所を表すので、in the park を「どこで？（Where?）」に変えて「玉手箱」に移します。

だれが	する（です）	だれ・なに	どこ	いつ
彼は He	する plays	サッカーを soccer	公園で in the park	放課後 after school.

玉手箱	だれが	する（です）	だれ・なに	どこ	いつ
〜か Does	彼は he	する play	サッカーを soccer	（どこで？） （Where?）	放課後 after school?

玉手箱	だれが	する（です）	だれ・なに	どこ	いつ
どこで〜か？ Where does	彼は he	する play	サッカーを soccer	（どこで？） （Where?）	放課後 after school?

⇒**Where does he play soccer after school?**

彼は放課後、どこでサッカーをしますか？

Her name is_____?_____. （なに？）
⇒What is her name? 彼女のお名前は何ですか？

だれが	する（です）	だれ・なに	どこ	いつ
彼女の名前は **Her name**	です **is**	（なに？） **（what?）**		

玉手箱	だれが	する（です）	だれ・なに	どこ	いつ
何ですか **What is**	彼女の名前は **her name?**	（is）	（なに？） **（what?）**		

「玉手箱」に入らないパターンもあり！ -

「だれが」という意味の who はそのまま「だれが」に入れます。

_____?_____ broke the window. （だれが？）
⇒Who broke the window? だれが窓を割ったのですか？

だれが	する（です）	だれ・なに	どこ	いつ
（だれが？） **（Who?）**	割った **broke**	窓を **the window.**		

玉手箱	だれが	する（です）	だれ・なに	どこ	いつ
	だれが **Who**	割った **broke**	窓を **the window?**		

※broke は break（壊す）の過去形。

> 疑問詞が「玉手箱」ボックスに入らない
> パターンです。主語をたずねる場合は、
> 「だれが」にそのまま疑問詞を入れます。

命令文
Please つけても命令口調

命令文とは、「窓を開けなさい」や「ここで泳いではいけません」のように相手に命令したり、「どうぞ窓を開けてください」と依頼したりする際に使う文で、ふつう相手は「あなた（たち）」と決まっているので、主語You（「だれが」）は省略します。

おすわり！

命令文の位置づけ

命令文が関係するのは、おもに［**する（です）**］のボックス！
Open the window. 窓を開けなさい。

だれが	する(です)	だれ・なに	どこ	いつ
（省略）	開けなさい **Open**	窓を **the window.**		

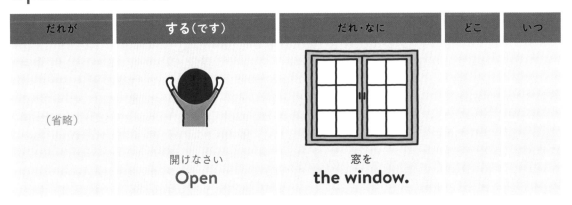

「〜しなさい」の命令文は、動詞の原形！ 基本的に相手は「あなた（たち）」ですので、「だれが」ボックスの主語Youは省略します。
日本語で「〜しなさい」はかなりキツく聞こえますが、相手との親しさや状況によっては「〜してね」「〜してよ」ととらえてください。

文頭や文末に please（どうぞ）をつけて少し丁寧に依頼することもできますが、**命令文であることには変わらないので、とくに相手が目上の場合には注意が必要です。**

どうぞ窓、開けてください。
Please open the window.

は、はい…

※丁寧に言うときは Please の代わりに Would you ～? や Could you ～?（～していただけませんか?）などを使います。

「～してはいけません」の命令文

Don't swim here. ここで泳いではいけません。

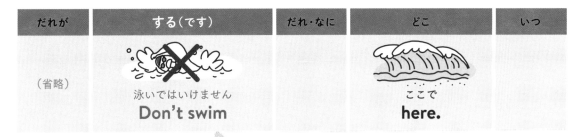

だれが	する（です）	だれ・なに	どこ	いつ
（省略）	泳いではいけません **Don't swim**		ここで **here.**	

否定文の命令文（～してはいけません）は、「Don't ＋動詞の原形」！

「（みんなで）～しましょう」と誘う文

Let's swim here. ここで泳ぎましょう。

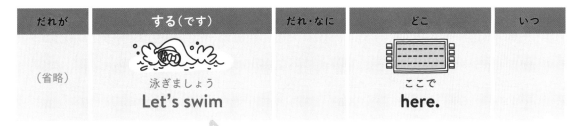

だれが	する（です）	だれ・なに	どこ	いつ
（省略）	泳ぎましょう **Let's swim**		ここで **here.**	

「（みんなで）～しましょう」と相手を誘う文は、「Let's ＋動詞の原形」で始めます。

感嘆文
「なんて～だろう!」と驚きを表す

感嘆文とは、「これはなんて美しい花なのでしょう!」「彼女はなんて上手にバイオリンを弾くのでしょう!」など、「なんて～でしょう」と驚きや喜び、悲しみなどを表す文のことです。WhatまたはHowの2通りの表し方があり、文末はピリオドではなく、感嘆符（!）を使います。

感嘆文の位置づけ

感嘆文の中心は、[玉手箱] [だれが] [する（です）] のボックス!

This flower is very beautiful. この花はとてもきれいだ。
⇒How beautiful this flower is! この花はなんてきれいなのだろう!

だれが	する(です)	だれ・なに	どこ	いつ
この花は This flower	です is	とてもきれいな very beautiful.		

玉手箱	だれが	する(です)	だれ・なに	どこ	いつ
なんてきれい How beautiful	この花は this flower	です is!	とてもきれいな (very beautiful)		

Howとくっついて「なんて～でしょう」になるので、Howを用いて玉手箱に移します。

日本語でも「なんて素敵なの！」もあれば「なんて素敵な帽子なの！」もあるように、「なんて」の後ろの名詞（ここでは「帽子」）の有無でHow 〜! とWhat 〜! の2通りの表現ができます。

「玉手箱」に名詞（人やモノ）が入らない場合はHowを使って「**How＋形容詞［副詞］＋主語＋動詞**」「**なんて〜だろう！**」を表します。「玉手箱」には**How＋形容詞［副詞］**が入ります。

This boy is very tall. この男の子はとても背が高い。
⇒**How tall this boy is!** この男の子はなんて背が高いのでしょう！

玉手箱	だれが	する（です）
なんて背が高い **How tall**	この男の子は **this boy**	です **is!**

名詞（人やモノ）が入る場合はWhatを使って「**What（a/an）＋形容詞＋名詞＋主語＋動詞!**」「**なんて〜（形容詞）な○○（名詞）だろう！**」を表します。名詞の使い方がカギになります。

He is a very kind boy. 彼はとても優しい男の子だ。
⇒**What a kind boy he is!** 彼はなんて優しい男の子なんでしょう！

玉手箱	だれが	する（です）	だれ・なに	どこ	いつ
なんて優しい男の子 **What a kind boy**	彼は **he**	です **is!**	とても優しい男の子 （a very kind boy）		

※「だれ・なに」ボックスのa very kind boyがWhatを用いて「玉手箱」に移動します。

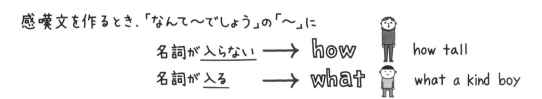

感嘆文を作るとき、「なんて〜でしょう」の「〜」に

名詞が<u>入らない</u> ⟶ how　how tall

名詞が<u>入る</u> ⟶ what　what a kind boy

いくつか例文を見てみましょう。

・副詞を使ったパターン

He can swim very fast. 彼はとても速く泳げる。
⇒**How fast he can swim!** 彼はなんて速く泳げるんだろう！

玉手箱	だれが	する（です）
なんて速く **How fast**	彼は **he**	泳げる **can swim!**

・一般動詞（be動詞以外の動詞）を使ったパターン

She has very big dogs. 彼女はとても大きな犬を飼っている。※have: 〜を飼う
⇒**What big dogs she has!** 彼女はなんて大きい犬を飼っているんでしょう！

玉手箱	だれが	する（です）	だれ・なに	どこ	いつ
なんて大きな犬 **What big dogs**	彼女は **she**	飼っている **has!**			

名詞が複数形（big dogs）のときには
a/anはつきません。

MEMO

「どれぐらい古い?」と「なんて古い!」

次の2文は this building と is の順序が異なるので意味も異なります。(1) は疑問文（**動詞**＋**主語**）で (2) は感嘆文（**主語**＋**動詞**）です。

(1) How old is this building? この建物はできて何年になりますか?

玉手箱	だれが	する(です)	だれ・なに	どこ	いつ
どれぐらい古い **How old is**	この建物は **this building?**	（is）			

(2) How old this building is! この建物はなんと古いのだろう!

玉手箱	だれが	する(です)	だれ・なに	どこ	いつ
なんて古い **How old**	この建物は **this building**	です **is!**			

会話では「主語＋動詞」を省略することも!

実際の日常会話では、何について話しているか話し手も聞き手もわかっているときは、感嘆文の「主語＋動詞」の部分は省略されることがあります。

How nice! （プレゼントなどを開けて）なんて素敵なの!

玉手箱	だれが	する(です)	だれ・なに	どこ	いつ
なんて素敵な **How nice!**	（省略） it	（省略） is			

What a day! なんて日だ!

玉手箱	だれが	する(です)	だれ・なに	どこ	いつ
なんて～な（省略）日 **What a（省略）day!**	（省略） it	（省略） is			

英文のしくみを見抜く

日本語と同様に、英語にも短い文もあれば長い文もあります。英文のしくみを理解するには、次のポイントを意識するとよいでしょう。

文の中にある「意味のまとまり」：句と節

文は、意味のまとまりでわけられます。このまとまりは、「主語＋動詞」を含むかどうかで2つのタイプにわかれます。1つは、「主語＋動詞」を含まない**句**というもの、もう1つは「主語＋動詞」を含む**節**というものです。**句や節は、2つ以上の語が集まって意味をなし、1つの品詞の働きをします**（品詞についてはp.147の品詞の部で説明します）。

（1）**The boy** left **the key** on the table.　その少年は、テーブルの上に鍵を置き忘れた。
⇒the boy（その少年）、the key（鍵）が**名詞句**として名詞の役割、on the table（テーブルの上に）が副詞のはたらきをする**前置詞句**です。

（2）**I like tennis** and **she likes soccer.**　私はテニスが好きで、彼女はサッカーが好きです。
⇒I like tennis.（私はテニスが好きだ）と she likes soccer.（彼女はサッカーが好きだ）の**2組の節**（「主語＋動詞」）から成り立っています。

（3）**I think** that **she likes soccer.**　彼女はサッカーが好きだと私は思う。
⇒I think（私は思う）と she likes soccer.（彼女はサッカーが好きだ）の**2組の節**から成り立っています。

次は文を節ごとに見ていきましょう。文はふつう「主語＋動詞」（節）から成ります。この組み合わせが1組だけで成立する文を**単文**と呼びます。一方、接続詞（文をつなぐ言葉）を使って「主語＋動詞」（節）が2組以上から成る文を**重文**、**複文**と呼びます。重文と複文の違いは、異なる接続詞での**つなぎ方**にあります（接続詞については p.170 で詳しく説明します）。

しくみがわかっていれば、用語を
無理に覚える必要はないよ！

１．単文 「主語＋動詞」（節）が１組

The boy left the key on the table. その少年は、テーブルの上に鍵を置き忘れた。

⇒「主語＋動詞」の節が The boy left（その少年は置き忘れた）の1組なので単文になる。

２．重文 「主語＋動詞」（節）が２組以上

接続詞：and、but、or など

I like tennis and she likes soccer. 私はテニスが好きで、彼女はサッカーが好きです。

⇒「主語＋動詞」の節が I like と she likes の2組。

重文の場合、2つの節は接続詞で文法上**対等に**つながれる。

３．複文 「主語＋動詞」（節）が２組以上

接続詞：that、if、when、as など

I think [that she likes soccer]. 彼女はサッカーが好きだと私は思う。

⇒「主語＋動詞」の節が I think と she likes の2組。

複文の場合、2つの節は**対等にならず**、that 以下の節は I think の内容のこと。

単文
「主語+動詞」だけで意味をなす文

単文とは、1文が1組の「主語+動詞」から成り立つ文のことです。たとえば、The baby smiled.（The baby＝主語、smiled＝動詞）やI play soccer.（I＝主語、play＝動詞、soccer＝目的語）のような文は、その中に「主語+動詞」が1組しかありません。

I play baseball.

主語+動詞

単文の位置づけ

単文が関係するのはおもに［だれが］［する（です）］のボックス！

The baby smiled in this room just now. 赤ちゃんが、つい先ほどこの部屋でほほ笑んだ。

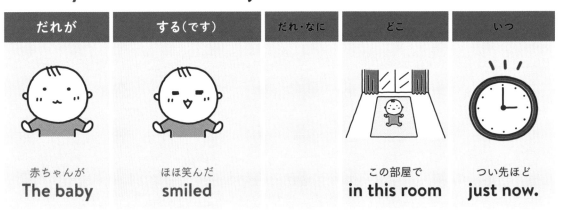

だれが	する（です）	だれ・なに	どこ	いつ
赤ちゃんが **The baby**	ほほ笑んだ **smiled**		この部屋で **in this room**	つい先ほど **just now.**

単文とは、1組の「主語+動詞」を含んでいる文のこと！

次の文は、５文型と呼ばれる５つの文パターンです。肯定文も否定文も、いずれの文も１組の「主語＋動詞」を含んでいます。

（1）**The baby smiled.** その赤ん坊がほほ笑んだ。
（2）**My mother isn't a doctor.** 私の母は医師ではありません。
（3）**Children like music.** 子供たちは音楽が好きです。
（4）**I will give her a present.** 私は彼女にプレゼントをあげるつもりだ。
（5）**They didn't call him John.** 彼女たちは彼をジョンと呼ばなかった。

文型	だれが	する（です）	だれ・なに	
1	The baby	smiled.		
2	My mother	isn't		a doctor.
3	Children	like		music.
4	I	will give	her	a present.
5	They	didn't call	him	John.

重文
「主語＋動詞」が2つ以上ある文

重文は、文法上の働きが等しい2つ以上の節（「主語＋動詞」）が接続詞でつながれた文のことです。I like baseball, **and** my sister likes soccer. は、I like と my sister likes の2つの節をandという接続詞がつないでいます。重文の場合、この2つは別々の文にしても成り立つのが特徴です。

I play baseball. she plays tennis.

主語＋動詞 and 主語＋動詞

重文の位置づけ

重文が関係するのはおもに［玉手箱］［だれが］［する（です）］のボックス！

I like baseball, and my sister likes soccer. 私は野球が好きで、妹はサッカーが好きです。

玉手箱	だれが	する（です）	だれ・なに	どこ	いつ
	私は I	好きだ like	野球が baseball,		
そして and	妹は my sister	好きだ likes	サッカーが soccer.		

重文とは、2つの節がand、but、orなどの接続詞で対等につながれた文のこと！
接続詞は「玉手箱」ボックスに入れ、意味順ボックスを2段にします。

She is reading, but he is sleeping. 彼女は読書をしているが、彼は眠っています。

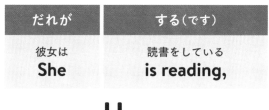

だれが	する（です）
彼女は **She**	読書をしている **is reading,**

=

玉手箱	だれが	する（です）
でも **but**	彼は **he**	眠っている **is sleeping.**

> 2組の文は、文法的に対等の関係にあります。

> 文と文を対等にむすぶ接続詞には and、but、or、so などがあります（接続詞は p.170 で詳しく説明します）。

Do your homework, or you will fail the exam.

宿題をしなさい、さもないと試験に落ちるわよ。

玉手箱	だれが	する（です）	だれ・なに	どこ	いつ
	（省略）	しなさい **Do**	宿題を **your homework,**		
さもないと **or**	あなたは **you**	落ちるだろう **will fail**	試験に **the exam.**		

> 命令形で「だれが」が省略されていても、文同士は対等の関係！

複文
主従関係のある文

複文は2組以上の節からなる文ですが、これらの節の文法上の働きは等しくありません。**When** I came home, he was watching TV.（私が帰宅した**とき**、彼はテレビを見ていた）の場合、文の中心はhe以下の節**（主節）**で、when以下は**従属節**になります。

従位 主語+動詞 When I came home,

主節 主語+動詞 he was watching TV.

複文の位置づけ

複文が関係するのはおもに［玉手箱］［だれが］［する（です）］のボックス！

I think that they will win the game. 彼女たちはその試合に勝つと私は思います。

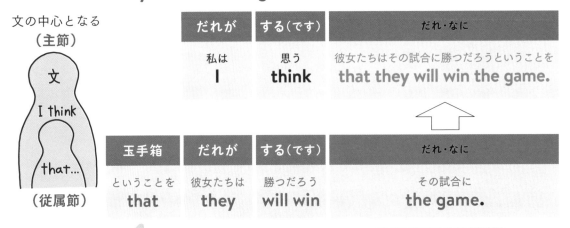

文の中心となる
（主節）

文
I think
that...

（従属節）

だれが	する（です）	だれ・なに
私は I	思う think	彼女たちはその試合に勝つだろうということを that they will win the game.

玉手箱	だれが	する（です）	だれ・なに
ということを that	彼女たちは they	勝つだろう will win	その試合に the game.

複文は、文の中心となる主節と、「〜ということを」「〜したとき」「〜だから」「もし〜なら」などを表す従属節から成る文のこと！

主節と従属節をつなぐ接続詞には、that、if、when、as などがあります。

I will call you when I arrive at the station.

駅に着いたら、あなたに電話します。

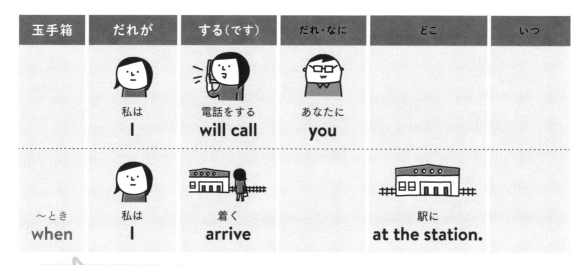

玉手箱	だれが	する（です）	だれ・なに	どこ	いつ
	私は I	電話をする will call	あなたに you		
〜とき when	私は I	着く arrive		駅に at the station.	

節と節は、that、when、because、if などの接続詞でつながれる！（接続詞は p.170 で詳しく説明します）

I didn't go there because I was tired.

疲れていたので、そこに行きませんでした。

玉手箱	だれが	する（です）	だれ・なに	どこ	いつ
	私は I	行かなかった didn't go		そこに there	
〜だから because	私は I	です was	疲れて tired.		

第 **3** 部

過去 現在 未来

文法項目を
知ろう

動詞
まさに文の「心臓部」

動詞は、文の中で中心的な役割を果たします。たとえば「彼」「コーヒー」という言葉だけでは、彼がコーヒーを「飲む」のか「いれる」のか、あるいはコーヒーが「好き」なのか「嫌い」なのかわかりません。動詞がないと文が成り立たないのです！

歩くのか 走るのか 食べるのか 飲むのか…

すべて わしが決める！

動詞の位置づけ

動詞が関係するのはおもに［する（です）］のボックス！
My son plays baseball on weekends. 私の息子は週末、野球をする。

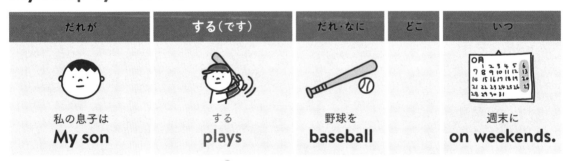

だれが	する（です）	だれ・なに	どこ	いつ
私の息子は **My son**	する **plays**	野球を **baseball**		週末に **on weekends.**

動詞には「be動詞（〜です）」と「一般動詞（〜する）」の2種類がある！

動詞のカタチには、**原形、現在形、過去形、過去分詞、-ing形**があります。原形は、動詞の元々の姿で、基本形になるものです。

現在形は「現在時制」、過去形は「過去時制」、過去分詞は「完了形（have/had＋過去分詞）」や「受動態（be＋過去分詞）」、-ing形は現在分詞や動名詞にふかくかかわっています（時制や完了形・受動態・動名詞・分詞については次項以降、詳しく説明します）。

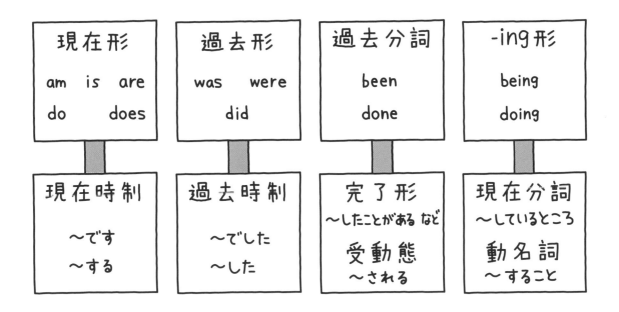

一般動詞の過去形・過去分詞には、ルールを守って変化する「規則動詞」と、不規則に変化する「不規則動詞」があります。

（1）規則動詞

ふつうは、-ed をつけて過去形、過去分詞にします。

例：（原形）walk（過去形）walked（過去分詞）walked

原則、-ed をつけますが、次の場合は注意してください。

　　①-e で終わる動詞 → d のみ（lived）

　　②子音字＋y → y を i に変えて ed（studied）

　　③短母音字＋1つの子音字 → 子音字を重ねて -ed（stopped）

原則　　　　-e で終わる　　　短母音字+1つの子音字

walk**ed**　　liv**ed**　　stop**ped**

母音字とは母音を表すつづり字のことでa、i、u、e、oの5つ、それ以外が子音字だよ。

（2）不規則動詞（独特な活用をする動詞）

不規則動詞には次の4つのタイプがあります。

	原形(A)	過去形(B)	過去分詞形(C)
ABB型	teach	taught	taught
ABA型	come	came	come
ABC型	speak	spoke	spoken
AAA型	cut	cut	cut

- -

一般動詞には、後ろに目的語をとらない動詞と、目的語をとる動詞があります。
次の2つの文を見てみましょう。

My father runs in the park every morning. 私の父は毎朝、公園で走る。

だれが	する（です）	だれ・なに	どこ	いつ
私の父は My father	走る runs		公園で in the park	毎朝 every morning.

My sister plays the piano at home every day. 妹は、毎日家でピアノを弾く。

だれが	する（です）	だれ・なに	どこ	いつ
私の妹は My sister	弾く plays	ピアノを the piano	家で at home	毎日 every day.

2つの違いがわかりますか？　下の文には、「だれ・なに」に「the piano（ピアノを）」という目的語がありますが、上の文にはありません。「だれ・なに」に**目的語が必要ない動詞を「自動詞」**と呼び、**目的語が必要な動詞を「他動詞」**と呼びます。**英語では、「他動詞」の後ろには必ず目的語が来ます。**
そのほかの例も見てみましょう。

自動詞　I slept for fifteen hours. 私は15時間眠った。
他動詞　I met her at the party. 私はそのパーティーで彼女に会った。

辞書では他動詞はふつう（他）マーク、自動詞は（自）マークがついています。1つの動詞で自動詞と他動詞2つの用法があるものもあります。

動詞には「泳ぐ」「走る」などの**動作（〜する）**を表す**動作動詞**のほかに、**状態（〜です）**を表す**状態動詞**があります。

状態動詞って？

have、like、love、want や know などの、「動作にできない動詞」のこと。be動詞も動作にできないので、状態動詞になります。

動作動詞　　　　　　　　　　　　　　状態動詞

MEMO

動詞の中には、have のように動作と状態の両方を表す動詞もあります。

have　［動作］〜を食べる・飲む
　　　　［状態］〜をもって（所有して）いる

I'm having lunch.　ランチを食べている。
I have a cat.　ねこを飼っている。

動詞にオマケがくっついた「群動詞」

動詞は、副詞や前置詞などとともに「1つのまとまりで動詞の意味を表す」ことがあります。これを**群動詞**と呼びます。たとえば、get up（起きる）、take care of（〜の世話をする）、put up with（〜をがまんする）などです。

I get up at seven thirty in the morning. 私は朝7時半に起きます。

だれが	する（です）	だれ・なに	どこ	いつ
私は **I**	起きる **get up**			朝7時半に **at seven thirty in the morning.**

> 「する（です）」ボックスに群動詞が全部入ります。

I can't put up with this long meeting. この長い会議に耐えられない。

だれが	する（です）	だれ・なに	どこ	いつ
私は **I**	耐えられない **can't put up with**	この長い会議に **this long meeting.**		

> p.73同様、群動詞になっても、上の2つの文のように「だれ・なに」が必要なものと必要でないものにわかれます。

基本時制

現在・過去・未来、いつのこと?

基本時制には①現在（〜する）、②過去（〜した）、そして③未来（〜するだろう）があります。日本語では、「する」なのか「した」なのかは会話の最後までわかりませんが、英語では語順からもわかるように、文の比較的初めのほうで時制がわかります。「いつのことを述べているか」はとても重要です。

過去　現在　未来

時制の位置づけ --

時制が関係するのはおもに ［する（です）］［いつ］のボックス!

❶ 現在形

She is a high school student now. 今、彼女は高校生です。

だれが	する（です）	だれ・なに	どこ	いつ
彼女は She	です is	高校生 a high school student		今 now.

❷ 過去形

She was an elementary school student ten years ago.

10年前、彼女は小学生でした。

だれが	する（です）	だれ・なに	どこ	いつ
彼女は She	でした was	小学生 an elementary school student		10年前 ten years ago.

❸ 未来表現

She will be a college student next year. 来年、彼女は大学生になるでしょう。

だれが	する（です）	だれ・なに	どこ	いつ
彼女は **She**	なるでしょう **will be**	大学生 **a college student**		来年 **next year.**

> 時制には、現在時制、過去時制、未来表現があり、さらにそれぞれに進行形と完了形がある！（進行形と完了形はp.84、p.88で説明します）

現在時制

まず、日々の習慣や事実を述べる現在時制を理解することが、時制の理解への近道です。現在時制には、少なくとも次の3つの用法があります。

（1）現在の性質や状態を表す

She is kind. 彼女は優しいです。

だれが	する（です）	だれ・なに	どこ	いつ
彼女は **She**	です **is**	優しい **kind.**		

（2）現在の習慣的動作を表す

He usually gets up at seven every morning. 彼はたいてい毎朝7時に起きます。

だれが	する（です）	だれ・なに	どこ	いつ
彼は **He**	たいてい起きる **usually gets up**			毎朝7時に **at seven every morning.**

> 動詞の前にusuallyやalwaysが入ることも。

> 「いつ」にはonce a day（1日1回）、once a week（週1回）、on Sundays（毎週日曜日）なども使われます。

（3）不変の真理や社会通念を表す

The earth goes around the sun. 地球は太陽の周りをまわる。

だれが	する（です）	だれ・なに	どこ	いつ
地球は **The earth**	まわる **goes**		太陽の周りを **around the sun.**	

例文（2）（3）は、それぞれgets up、goesのように、主語がIとYou以外の第三者の1人（または1つ）で現在形なので、動詞の最後に -(e)s がつきます。これを3単現のsと呼びます。

> 「性質や状態」「不変の真理」などは「いつもそう」だから、「いつ」のボックスには何も入らないことが多いよ。過去時制、未来時制と比べてみてね。

過去時制 ┤- -

過去時制は、動詞の過去形を使って、過去における動作や出来事、状態などを表します。

She was in the hospital last year. 彼女は去年、入院していた。

だれが	する（です）	だれ・なに	どこ	いつ
彼女は **She**	いた **was**		病院に（入院して） **in the hospital**	去年 **last year.**

I worked in the office last Sunday. 先週の日曜日、私はオフィスで働いた。

だれが	する（です）	だれ・なに	どこ	いつ
私は **I**	働いた **worked**		オフィスで **in the office**	先週の日曜日 **last Sunday.**

> 動詞の過去形には、workedやstudiedなど基本的に語尾に (e)dをつける**規則動詞**と、goの過去形のwentやbreakの過去形のbrokeのように不規則な語形変化の**不規則動詞**があります（動詞の項目p.72をご参照ください）。

動詞に未来形はないので、ふつう「will＋動詞の原形」または「be going to ＋動詞の原形」を使って、「〜だろう」「〜するつもりだ」を表します。

・will＋動詞の原形（〜するだろう）
I will be twenty years old soon. 私はまもなく、20歳になります。

だれが	する（です）	だれ・なに	どこ	いつ
私は I	なるだろう will be	20歳 twenty years old		まもなく soon.

> willは「〜だろう」という意味の助動詞（詳しくはp.80の助動詞で）。

・be going to ＋動詞の原形（〜するつもりだ）
I am going to stay in London next summer.
来年の夏、私はロンドンに滞在するつもりです。

だれが	する（です）	だれ・なに	どこ	いつ
私は I	滞在するつもり am going to stay		ロンドンに in London	来年の夏 next summer.

> 未来のことはあくまで予定であり不確実なものですが、あらかじめ予定が決まっている場合や意図されている場合には、be going to を使う傾向があります。

will   be going to

助動詞
「する（です）」（=動詞）の調味料

「助動詞」の名が示すとおり、動詞を助けるのが「助・動詞」です。たとえば「サッカーをする」に、意志を表して「サッカーをするぞ」、許可を求めて「サッカーをしてもいいですか」、あるいは「サッカーをすることができる」（能力・可能）のように、「する（です）」の味つけの役を果たします。

助動詞が関係するのは［する（です）］のボックス！

I take the exam. 私は試験を受けます。

だれが	する（です）	だれ・なに	どこ	いつ
私は **I**	受ける **take**	試験を **the exam.**		

受けるぞ
will take

受けられる
can take

受けるかも
may take

受けなきゃダメ
must take

受けるべき
should take

受けたほうがいい
had better take

助動詞は、動詞をさまざまなニュアンスに味つけする！

比較的よく使う助動詞にはおもに次のようなものがあります。カッコ内は過去形です。

will（would）
～するだろう、～するつもりだ

主語の意志を表すwill。疑問文（Will you～?）で用いると依頼の意味も表す。Would youは丁寧な依頼。

can（could）
～できる、～であり得る

主語の能力を表すcan。疑問文（Can you～?）で用いると依頼の意味も表す。Could youは丁寧な表現。

may（might）
～してもよい、～かもしれない

You mayで許可を与え、May Iで許可を求める。現在や未来の事柄についての推量・可能性も表す。

must/have to（had to）
～しなければならない

義務や必要を表す。You must/have toで命令や強い勧誘の意味を含む。否定形は両者間で意味が異なる。

shall（should）
～しましょう、～させよう

Shall I/weで「私が／みんなで～しましょうか」という意味を表す表現。He shallは「彼に～させよう」の意味。

ought to
～すべきである、～のはずである

現在の義務や論理的な推量を表す。shouldと同じような意味だが、shouldの方がより一般的である。

used to
～したものだった、かつては～だった

過去の習慣や状態・事実を表す。過去の習慣はwouldでも表せるが、used toの方が「今はそうでないが」というニュアンスが強い。

had better
～した方がよい

Iやweが主語の場合は問題はないが、主語がyouの場合（You had better）は忠告の意味も含む。

need
～する必要がある

助動詞としてのneedは、ふつう否定文（need not）、または疑問文（Need you～?）で用いられる。

must と have to 〜（3人称単数は has to 〜）は、肯定文では「〜しなければならない」と同じ意味になりますが、否定形になると意味が変わります。

You must [have to] take the exam. あなたは試験を受けなければならない。

〈must not は禁止を表す！〉

You must not take the exam.
試験を受けてはいけません。

〈don't/doesn't have to 〜は不要を表す！〉

You don't have to take the exam.
試験は受けなくてもよいです。

had better は「〜したほうがいい」と忠告を表すときに用いられます。

You go to the movie theater. あなたは映画館に行く。
⇒**You had better go to the movie theater.** あなたは映画館に行ったほうがいい。

だれが	する（です）	だれ・なに	どこ	いつ
あなたは **You**	行ったほうがいい **had better go**		映画館に **to the movie theater.**	

----

will⇒would、can⇒could、may⇒might と、助動詞にも過去形はありますが、次にあげるような丁寧表現を表す場合は、現在の話でも、過去形になります。婉曲に伝える意図で過去形が使われます。以下に、過去形だけど現在の意味で使う、定番の表現を紹介します。

（1）would like to ～
would には、would like to ～の形になると、「～したいのですが」と相手に丁寧に申し出や希望を伝える表現になります。

I would like to help you. お手伝いしたいのですが。

だれが	する（です）	だれ・なに	どこ	いつ
私は I	お手伝いしたい would like to help	あなたを you.		

（2）Could you ～?／Would you ～?
疑問文Can you ～?／Will you ～?「～できる？／してくれる？」は、友だちなど親しい相手に使えるくだけた表現です。目上の人などにもっと丁寧にお願いをしたい場合は、過去形にして、Could you ～?／Would you ～?「～していただけますか？」と言います。

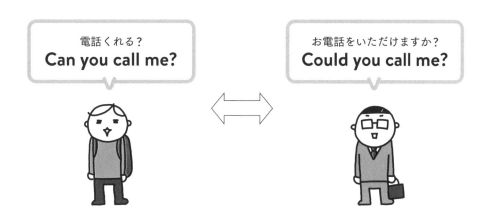

電話くれる？
Can you call me?

お電話をいただけますか？
Could you call me?

進行形
それ今、やってるところ！

みなさんは今、なにをしているところでしょう。この本を読んでくださっていますよね。このように「**今**、私は本を読ん**でいるところです**」と進行中の動作を表すときに使うのが進行形です。ここでは①現在進行形、②過去進行形、③未来進行形を紹介します。

進行形の位置づけ -

進行形が関係するのは［する（です）］［いつ］のボックス！

My sister is swimming now. 私の妹は今、泳いでいるところです。

だれが	する（です）	だれ・なに	どこ	いつ
私の妹は **My sister**	泳いでいる **is swimming**			今 **now.**

> 進行形は「be＋動詞の -ing形」で、動作がちょうど「〜しているところ」を表す！「いつ」しているのかを意識しよう。

※進行形の場合の -ing形は、現在分詞と呼ばれます（詳しくは p.110 で）。

進行形は、**ある時点において動作が進行中**であることを表します。

① 現在進行形（今、～しているところです）［am/is/are］＋ 動詞の -ing形
He is playing the piano now. 彼は今、ピアノを弾いている。

だれが	する（です）	だれ・なに	どこ	いつ
彼は **He**	弾いている **is playing**	ピアノを **the piano**		今 **now.**

動作が進行中

今の時点で

② 過去進行形（あのとき、～しているところでした）［was/were］＋ 動詞の -ing形
She was watching TV when I came home.
私が帰宅したとき、彼女はテレビを見ていた。

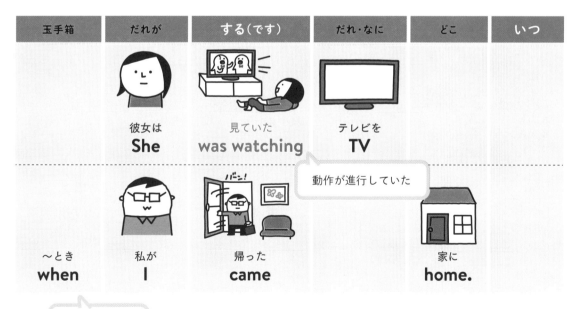

玉手箱	だれが	する（です）	だれ・なに	どこ	いつ
	彼女は **She**	見ていた **was watching**	テレビを **TV**		
～とき **when**	私が **I**	帰った **came**		家に **home.**	

動作が進行していた

帰った時点で

③ 未来進行形（そのころは、〜しているところでしょう）will be ＋ 動詞の -ing形

They will be studying when you get up.

君が起きるころには彼らは勉強しているだろう。

玉手箱	だれが	する（です）	だれ・なに	どこ	いつ
	彼らは **They**	勉強しているだろう **will be studying**	動作が進行し ているだろう		
〜とき **when**	あなたが **you**	起きる **get up.**			

起きる時点で

MEMO

進行形は動作を表すので、like、love、want や know などの気持ちや状態を表す「状態動詞」は、ふつう進行形にはしません。「知っている」「似ている」など「〜している」の日本語に惑わされないように注意しましょう（状態動詞は p.74 参照）。

I know him.　私は彼を知っている。

She belongs to a soccer team.　彼女はサッカーチームに入っている。

He resembles his father.　彼は父親に似ている。

進行形は「〜しているところ」だけでなく、「〜しかけている」「近い未来（〜するだろう）」と
いったときにも使えます。

The train is leaving. 列車が出発しようとしている。

だれが	する（です）	だれ・なに	どこ	いつ
列車が **The train**	出発しようとしている **is leaving.**			

It is getting dark. 暗くなりかかっている。

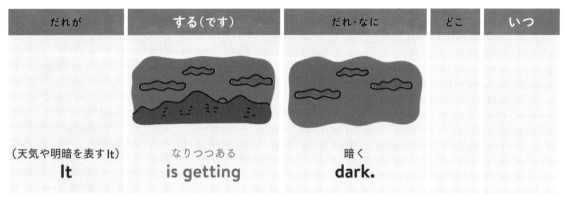

だれが	する（です）	だれ・なに	どこ	いつ
（天気や明暗を表すIt） **It**	なりつつある **is getting**	暗く **dark.**		

※get: 〜になる、dark: 暗い

完了形
来た道を振り返る

「現在形・過去形・未来表現」が、「いつのことなのか」を表すのに対し、完了形は「（過去を振り返って）その時点でどうなのか」を表すときに使います。「（今の時点で）もう宿題は終わった」や、「（そのときまで）アメリカに行ったことはなかった」「（来年で）中学校を卒業して10年になる」など、その時点から過去を振り返るのがポイントです。

思えば 遠くへ来たもんだ

完了形の位置づけ -

完了形が関係するのはおもに［する（です）］［いつ］のボックス！

（1）現在完了形

Kanako has lived in Okinawa for nine years.

カナコは沖縄に9年間ずっと住んでいます。

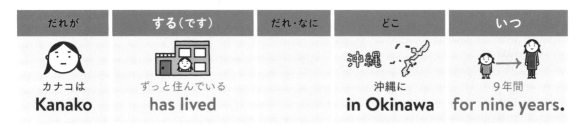

だれが	する（です）	だれ・なに	どこ	いつ
カナコは **Kanako**	ずっと住んでいる **has lived**		沖縄に **in Okinawa**	9年間 **for nine years.**

（2）過去完了形

She had never lived in Okinawa until she moved there nine years ago.

9年前に引っ越すまで、カナコは一度も沖縄に住んだことはありませんでした。

※until: 〜するときまで、move: 引っ越す

（3）未来完了形

Kanako will have lived in Okinawa for ten years next year.
来年、カナコは沖縄に住んで10年になります。

完了形とは、「振り返って、どうなの？」 -

完了形には、「現在完了形」「過去完了形」「未来完了形」があります。それぞれの意味と、イメージを確認しましょう。

完了形	英　語	意　味
現在完了形	**have/has** + 過去分詞	（今の時点で）もう〜してしまった（完了・結果）、ずっと〜である（継続）、（今までに）〜したことがある（経験）
過去完了形	**had** + 過去分詞	（過去のあのときまでには）〜してしまっていた（完了・結果）、ずっと〜だった（継続）、〜したことがあった（経験）
未来完了形	**will have** + 過去分詞	（未来のそのころまでには）〜してしまっているでしょう（完了・結果）、ずっと〜しているでしょう（継続）、〜したことになるでしょう（経験）

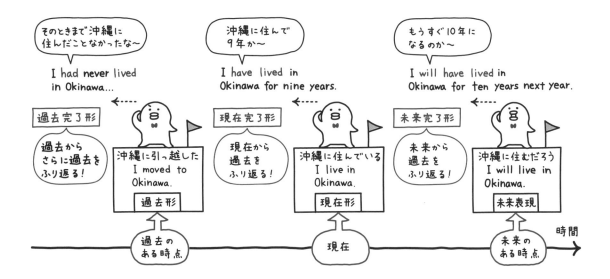

完了形は、「完了・結果」「継続」「経験」の意味を表します。

用法	意　味	よく用いられる言葉
完了	（もうすでに）〜してしまった （ちょうど）〜したところだ （まだ）〜していない	**already**（もうすでに） **just**（ちょうど） **not~yet**（まだ〜ない）
結果	〜して（そして）今（現在…だ）	**特になし**
継続	ずっと〜している	**for**（〜の間） **since**（〜以来）
経験	〜したことがある 〜度、したことがある	**ever**（今までに、かつて） **never**（一度も〜ない） **~times**（〜度）

完了形の意味

完了・結果　　継続　　経験

[完了] **I have already finished my homework.** 私はすでに宿題を終えてしまった。

だれが	する（です）	だれ・なに	どこ	いつ
私は **I**	すでに終えてしまった **have already finished**	宿題を **my homework.**		

完了の意味のときは、already（すでに）、just（ちょうど）、yet（まだ〜ない）などをヒントにしましょう。

[結果] **I have lost my wallet.** 財布をなくしてしまった。（今は持っていない）

だれが	する（です）	だれ・なに	どこ	いつ
私は **I**	なくしてしまった **have lost**	財布を **my wallet.**		

ヒントのワードがないことも！

[継続] **I have lived in Kyoto for twenty years.** 20年間京都に住んでいる。

だれが	する（です）	だれ・なに	どこ	いつ
私は **I**	住んでいる **have lived**		京都に **in Kyoto**	20年間 **for twenty years.**

継続の意味のときは、for（〜の間）、since（〜以来）などをヒントにします。

［経験］ I have read this book three times. 私はこの本を3回読んだことがある。

だれが	する（です）	だれ・なに	どこ	いつ
私は	読んだことがある	この本を		3回
I	**have read**	**this book**		**three times.**

> 経験の意味のときは、ever（今までに、かつて）、never（一度も〜ない）、〜times（〜度）などをヒントにしましょう。

MEMO

過去を表す語句と一緒に使わない！

現在完了では焦点があくまで現在の時点ですので、〜 ago（〜前）や、過去の出来事をたずねる When（いつ）のように、明らかに過去を示す語句とはふつう一緒に用いることはしません。

Ken has called me three days ago.　×
⇒Ken called me three days ago.　○

When have you come to Japan?　×
⇒When did you come to Japan?　○

なるほど。

間違いやすい過去形と現在完了形についておさらいしてみましょう。次の英文（1）と（2）の日本語訳は基本的に「彼は財布をなくした」ですが、（1）は過去形、（2）は現在完了形です。2つの違いは次の通りです。

（1）**He lost his wallet.**
（2）**He has lost his wallet.**

（1）の過去形に、たとえば10日前（ten days ago）をつけて考えます。

He lost his wallet ten days ago. 彼は10日前に財布をなくした。

| 10日前＝なくした | 現在＝？ |

この文では「10日前に財布をなくした」という過去の事実がわかるだけで、**その後、財布が見つかったかどうか、「現在の状況」についてはまったくわかりません。**ひょっとするとその後財布が見つかり今彼の手元に戻ってきているかもしれません。

（2）は、現在完了形なので、現在の状況（＝今、持っていない）も含まれます。

He has lost his wallet. 彼は財布をなくしてしまった。（そして今、持っていない！）

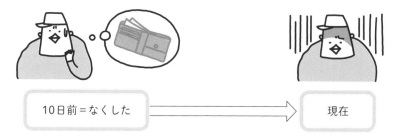

| 10日前＝なくした | ⟶ | 現在 |

受動態
視点で変わる「する」「される」

受動態は、「～される」という受け身の文のことです。「～する」の文は能動態といいます。たとえば、「犬がタロウを**追いかけた**」なら能動態、「タロウは犬に**追いかけられた**」なら受動態の文です。主語によって、能動態か受動態かが変わります。受動態は「be＋動詞の過去分詞形（＋by～）」で表します。

ふって　　　ふられて

受動態の位置づけ -

受動態が関係するのはおもに［だれが］［する（です）］のボックス！

Taro was chased by the dog. タロウは犬に追いかけられた。

だれが	する（です）	だれ・なに	どこ	いつ
タロウ Taro	追いかけられた was chased	犬に by the dog.		

受動態「～される」は「be＋動詞の過去分詞」のカタチ！

※chase: ～を追いかける　過去形・過去分詞形は chased

態とはつまり、「する側」か「される側」か

「能動態」は「〜する」、受動態は「〜される」という意味を表します。同じ動作・行為でも、立場や視点を変えると受動態で表すことができます。受動態は、主語「だれが」と動詞「する（です）」にふかくかかわっており、受動態の文をつくるときは、能動態の目的語「だれ・なに」が受動態の主語「だれが」になります。「される」は、「be＋動詞の過去分詞形（＋by 〜）」で表されます。

［能動態］

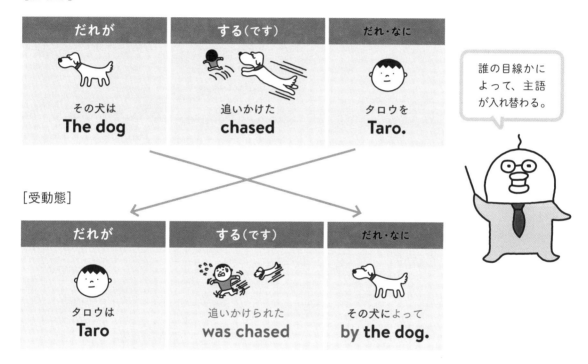

［受動態］

MEMO

受動態の疑問文のつくり方は、be動詞の文と同じです。

This song is used for a TV commercial.　この曲はCMに使われています。

⇒Is this song used for a TV commercial?　この曲はCMに使われていますか？

　Yes, it is.／No, it isn't.　はい、使われています。／いいえ、使われていません。

英語では、誰がしたかわからない場合や、あえて誰がとは言わない場合、「〜される」の受動態が好んで使われ、by〜は省略されます。受動態が好まれるケースはおもに以下の３つです。

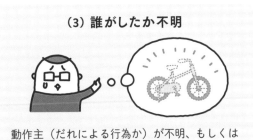

(1) 被害者に焦点をあてる

ニュースなどで事故や事件の被害者に焦点をあてる場合

(2) 話の自然な流れ

話の流れから受動態を使ったほうが自然になる場合

(3) 誰がしたか不明

動作主（だれによる行為か）が不明、もしくはあえて示す必要がない場合

（1）**More than 20 people were killed in that accident.**
20名を超える人々がその事故で亡くなった。　※事故の被害者に焦点をあてています。

（2）**Look at the window. It was broken by Tom this morning.**
（その窓は）今朝トムに割られたの。
※直前の文が窓の話なので、話の流れ上、窓に焦点をあてています。

（3）**My bicycle was stolen yesterday.** 昨日私の自転車が盗まれた。
※だれに盗まれたのかわからないので受動態になっています。

ふつう「surprise（〜を驚かす）」「interest（〜に興味をもたせる）」などの感情を表す動詞は、受動態のカタチになります。

He is interested in camping. 彼はキャンプに興味があります。

だれが	する（です）	だれ・なに	どこ	いつ
彼は He	に興味がある is interested in	キャンプ camping.		

動詞interest（〜に興味を持たせる）が受動態になり「〜に興味を持たされる＝〜に興味がある」という意味になります。「be＋過去分詞＋前置詞」はそのまま「する（です）」へ。

I was surprised at the news. 私はその知らせに驚いた。

だれが	する（です）	だれ・なに	どこ	いつ
私は I	に驚いた was surprised at	その知らせ the news.		

能動態と受動態の時制をまとめましょう。

・能動態と受動態の基本時制　「be＋動詞の過去分詞」

基本時制	能動態	受動態
現在形	The dog chases Taro.	Taro is chased by the dog.
過去形	The dog chased Taro.	Taro was chased by the dog.
未来形	The dog will chase Taro.	Taro will be chased by the dog.

・能動態と受動態の進行形　「be＋being＋動詞の過去分詞」

進行形	能動態	受動態
現在進行形	The dog is chasing Taro.	Taro is being chased by the dog.
過去進行形	The dog was chasing Taro.	Taro was being chased by the dog.
未来進行形	The dog will be chasing Taro.	Taro will be being chased by the dog.

Your pizza is being delivered now. ピザはただいま配達中です。

だれが	する（です）	だれ・なに	どこ	いつ
あなたのピザは Your pizza	配達されている is being delivered			今 now.

・能動態と受動態の完了形　「have [has] /had＋been＋動詞の過去分詞」

完了形	能動態	受動態
現在完了形	The dog has chased Taro.	Taro has been chased by the dog.
過去完了形	The dog had chased Taro.	Taro had been chased by the dog.
未来完了形	The dog will have chased Taro.	Taro will have been chased by the dog.

That file has been removed from the computer.
そのファイルはパソコンから削除されてしまった。（今も削除されたまま）

だれが	する（です）	だれ・なに	どこ	いつ
そのファイルは **That file**	削除されてしまった **has been removed**		パソコンから **from the computer.**	

能動態と受動態の書き換え -

よく使う、従属節のある文の能動態と受動態の書き換えを確認しておきましょう。

［能動態］**They say that he is a genius.**　人々は彼が天才であると言っている。
⇒［受動態］**It is said that he is a genius.**　彼は天才だと言われている。

They say that ... で「（世間では）…と言われている」という意味になります。They は「彼らは」と特定のグループを指すわけではなく、「世間一般の人々」を指します。同じ意味で受動態にするとふつう It is said that ...（…と言われている）という形になります。

不定詞
to を用いて 3 変化

「主語はだれか?」「1人か複数か?」「時制はなにか?」──これらの影響をうけずに（だから「不定」）「to ＋動詞の原形」で表されるのが to 不定詞です。to 不定詞にはおもに（1）「～すること」、（2）「～するべき／～するための」、（3）「～するために／～して」の 3 つの用法があります。動詞の原形を原形不定詞といいます。

はい どーもー

するべき　すること　するために

3人そろって 不定詞でーす!!

不定詞の位置づけ ---

不定詞が関係するのはおもに［だれが］［だれ・なに］［なぜ］（副詞的用法のみ）のボックス!

（1）名詞的用法「～すること」

My dream is to be an astronaut. 私の夢は宇宙飛行士になることです。

だれが	する (です)	だれ・なに	どこ	いつ
私の夢は My dream	です is	宇宙飛行士になること to be an astronaut.		

（2）形容詞的用法「～するべき／～するための」

She has something to eat. 彼女は食べ物を持っている。（食べるための何か→食べ物）

（3）副詞的用法「～するために／～して」

I went to Saga to see my aunt. 私は叔母に会うために佐賀に行った。

名詞の働きをするto不定詞（名詞的用法）「〜すること」

名詞的用法とは、たとえば「スペイン語を勉強する」という動作をto不定詞でひとかたまりにして、「スペイン語を勉強すること」という名詞として扱うことを言います。名詞的用法は「〜すること」の意味で、名詞の働きをします。

I like to study Spanish. 私はスペイン語を学ぶことが好きです。

だれが	する（です）	だれ・なに	どこ	いつ
私は **I**	好きだ **like**	スペイン語を学ぶことを **to study Spanish.**		

形容詞の働きをするto不定詞（形容詞的用法）「〜するべき／〜するための」

to不定詞の形容詞的用法とは、「〜するべき／〜するための」という意味で、名詞を修飾する形容詞の働きをします。

I have a lot of books to read. 私には読むべき本がたくさんある。

だれが	する（です）	だれ・なに	どこ	いつ
私は **I**	持っている **have**	読むべきたくさんの本を **a lot of books to read.**		

名詞を修飾

副詞は、She swims well.（彼女は上手に泳ぐ）のwell（上手に）のように動詞（swims）を修飾したり、very cute（とてもかわいい）のvery（とても）のように形容詞を修飾します。to不定詞の副詞的用法は、to不定詞が副詞の代わりになって「〜するために」や「〜して」という意味を持ち、動詞や形容詞を修飾します。その際、to不定詞の部分は右端に移した「玉手箱」の「なぜ」ボックスに入れます。

I am happy to see you. あなたに会えてうれしいです。

だれが	する(です)	だれ・なに	どこ	いつ	玉手箱　なぜ
私は **I**	です **am**	うれしい **happy**			あなたに会えて **to see you.**

形容詞happyを修飾!

不定詞を使った表現で、代表的なものをいくつかご紹介します。

① 疑問詞＋to不定詞「だれに［なにを / どのように / どこに / いつ］〜したらよいか」
（例）how to swim（泳ぎ方）、when to start（いつ出発したらよいか）、where to get the ticket（どこでそのチケットを入手したらよいか）

Please tell me what to do. 何をしたらよいか教えてください。

だれが	する(です)	だれ・なに		どこ	いつ
（省略）	教えてください **Please tell**	私に **me**	何をしたらよいか **what to do.**		

② It is 〜［for 人］to ...「（人が）…することは〜だ」
to不定詞の名詞的用法「〜すること」は、名詞としての扱いなので、「だれが」ボックスに入れて

主語として使うこともできますが、主語が長くなるのを避けるため、多くの場合、代わりに形式主語Itを置いて、to不定詞を後ろに置く形がとられます。

To learn three languages at the same time **is difficult.**
→**It is difficult** to learn three languages at the same time.
同時に3か国語を学習することは難しい。

そのまま意味順ボックスに入れると……

だれが	する（です）	だれ・なに	どこ	いつ
3か国語を同時に学習することは **To learn three languages at the same time**	です **is**	難しい **difficult.**		

これだと頭でっかちになって聞き手にとって「なにが難しいのか」がわかりにくいので、「なにが」の部分を形式主語のItに置き換えて「だれが」ボックスに置き、意味上の主語のTo以下を最後に回します。このとき、To以下は意味上の「主語」なので、意味順ボックスを2段に増やし、2段目の「だれが」に入れます。

だれが	する（です）	だれ・なに	どこ	いつ
（to以下を示す） **It ↓**	です **is**	難しい **difficult**		
3か国語を同時に学習することは **to learn three languages at the same time.**				

③ 動詞＋人＋ to不定詞　「人に〜するように言う/頼む、人に〜してほしい」

人に何かをしてもらいたい場合は、want（してほしい）、tell（言う）、ask（尋ねる）などの動詞の後ろに人＋to不定詞を続けます。

I want her to meet my parents. 私は彼女に私の両親と会ってほしい。

だれが	する（です）	だれ・なに		どこ	いつ
私は **I**	してほしい **want**	彼女に **her**	私の両親に会うことを **to meet my parents.**		

「彼女に両親と会わないでほしい」と言うときは、I want her **not** to meet my parents. と to不定詞の前に not を入れれば〇Kです。

④ 知覚動詞（see、hear、notice）＋人＋原形不定詞（動詞の原形）
　「人が〜するのを見る・聞く・〜するのに気づく」
※原形不定詞とは、動詞の原形のまま用いる不定詞です。

see（見る）、hear（聞く）、notice（気づく）といった知覚動詞に、「人＋動詞の原形」を続けると、「人が〜するのを見る・聞く・〜するのに気づく」という意味になります。人以外に、モノ・コトも入ります。to不定詞ではなく、動詞の原形が入ることに注意しましょう。

I saw her enter the house. 私は、彼女がその家に入るのを見た。

だれが	する（です）	だれ・なに		どこ	いつ
私は **I**	見た **saw**	彼女が **her**	その家に入るのを **enter the house.**		

her（人）を a cat（モノ）にして、I saw a cat enter the house. でも OK。

⑤ 使役動詞（make、have、let）＋人＋原形不定詞（動詞の原形）「人に〜させる」

使役とは、人を使って何かをさせるという意味で、make、have、let は使役動詞と呼ばれます。人＋動詞の原形を続けると、「人に〜させる」という意味になります。make、have、let は同じ「〜させる」でも、少しずつニュアンスが違います。

They made him tell the truth. 彼らは彼に真実を語らせた。

だれが	する（です）	だれ・なに		どこ	いつ
彼らは **They**	させた **made**	彼に **him**	真実を言うことを **tell the truth.**		

makeは強制的にさせるイメージ！

I will have my staff member contact you. スタッフからあなたに連絡させます。

だれが	する（です）	だれ・なに		どこ	いつ
私は **I**	させるだろう **will have**	スタッフに **my staff member**	あなたに連絡することを **contact you.**		

haveは指示してやってもらうイメージ！

部下に連絡させます

Let me help you. あなたを手伝わせてください。

だれが	する（です）	だれ・なに		どこ	いつ
（省略）	させてください **Let**	私に **me**	あなたを手伝うことを **help you.**		

letは許可するイメージ！

動名詞
動詞が名詞に変身する！

名詞に変身するでござる

イン イン

文字通り、「**動詞の -ing形**」の形で**名詞**の働きをする言葉です。たとえば、swim を swimming にすると、「泳ぐ（動詞）」を「泳ぐこと（名詞）」（＝水泳）に変えることができ、to不定詞と同じように「〜すること」を表すことができます。to不定詞と動名詞の使いわけも解説します。

動名詞の位置づけ -

動名詞が関係するのはおもに ［だれが］［だれ・なに］のボックス！

Seeing is believing. 見ることは信じることです。（百聞は一見にしかず）

だれが	する（です）	だれ・なに	どこ	いつ
見ることは Seeing	です is	信じること believing.		

動名詞は、「動詞の -ing形」で「〜すること」という名詞の働きをする！
主語「だれが」と目的語「だれ・なに」に入ります。

動名詞は、to不定詞（名詞的用法）のように「〜すること」という意味を表します。しかし、直前にくる動詞は、動名詞とto不定詞の両方を目的語にとる場合もあれば、どちらか一方しかとれない場合もあります。

> なぜ直前にくる動詞の話をするかというと、動名詞や不定詞が
> 「する（です）」（動詞）のあとに目的語として続くときに
> 直前の動詞との相性が問題になるからです。

・動名詞だけを目的語にとる動詞（例：enjoy -ing）

enjoy（楽しむ）、avoid（避ける）、mind（嫌がる）、give up（諦める）、finish（終える）など。

I enjoyed talking to them. 彼らと話をして楽しんだ。

だれが	する（です）	だれ・なに	どこ	いつ
私は I	楽しんだ enjoyed	彼らと話すことを talking to them.		

・to不定詞だけを目的語にとる動詞（例：decide to 〜）

decide（決心する）、want（したい）、expect（期待する）、hope（望む）など。

I decided to stop drinking coffee. 私はコーヒーを飲むのをやめることに決めた。

だれが	する（です）	だれ・なに	どこ	いつ
私は I	決めた decided	コーヒーを飲むのをやめることに to stop drinking coffee.		

MEMO

to不定詞の名詞的用法と動名詞はどちらも「〜すること」の意味ですが、to不定詞のto（〜へ）は本来、方向性を示す前置詞なので「これからする」という未来志向のニュアンスが、他方、動名詞は「これまでしている」「今もしている」というニュアンスが含まれます。

・動名詞とto不定詞の両方を目的語にとる動詞（例：like -ing、like to 〜）

like（好む）、love（大好きである）、start（始める）など。

彼女はサッカーをすることが好きだ。

だれが	する（です）	だれ・なに		どこ	いつ
彼女は **She**	好きだ **likes**	サッカーをすることが **playing soccer.** - - - - - - - - - - - - - - - - - - **to play soccer.**			

・動名詞とto不定詞で意味が変わる動詞

次の動詞は、後ろにくる言葉が動名詞かto不定詞かで意味が変わります。

（1）remember

①remember -ing: 〜したことを覚えている

I remember locking the door. 私はドアにカギをかけたことを覚えている。

だれが	する（です）	だれ・なに		どこ	いつ
私は **I**	覚えている **remember**	ドアにカギをかけたことを **locking the door.**			

②remember to 〜: 忘れずに〜する

I will remember to lock the door. 忘れずにドアにカギをかけよう。

だれが	する（です）	だれ・なに		どこ	いつ
私は **I**	忘れずにしよう **will remember**	ドアにカギをかけることを **to lock the door.**			

（2）forget

①forget -ing: 〜したことを忘れる

I will never forget watching that movie with you.

あなたと一緒にあの映画を見たことを決して忘れません。

だれが	する（です）	だれ・なに
私は **I**	決して忘れません **will never forget**	あなたと一緒にあの映画を見たことを **watching that movie with you.**

②forget to 〜: 〜することを忘れる

Don't forget to lock the door. ドアにカギをかけるのを忘れないでください。

だれが	する（です）	だれ・なに
	忘れないでください **Don't forget**	ドアにカギをかけることを **to lock the door.**

他にも、try（-ing: ためしに〜してみる、to 〜: 〜しようと試みる）、regret（-ing: 〜したことを後悔している、to 〜: 〜することを残念に思う）、stop（-ing: 〜するのをやめる、to〜: 〜するために立ち止まる）などがあります。

動名詞を使った慣用表現

動名詞を使った慣用表現でよく使うものをご紹介します。

動名詞を用いた慣用表現	意味
be used to -ing	〜することに慣れている
cannot help -ing	〜せずにはいられない
feel like -ing	〜したい気がする
look forward to -ing	〜するのを楽しみにして待つ
worth -ing	〜する価値がある

（例）I cannot help laughing.　笑わずにはいられない。

分詞
現在分詞と過去分詞

分詞とは、動詞に -ingと -edがついた形のことで、**現在分詞（動詞の -ing形）と過去分詞（動詞の -ed形）の2つがあります**。分詞は、進行形、受動態、完了形をつくる際に使われますが、ここでは、形容詞のように名詞を修飾する用法と、補語として主語や目的語を説明する用法を紹介します。

おどっている人

こわれたドア

分詞の位置づけ

分詞が関係するのはおもに ［だれが］［だれ・なに］のボックス！

The sleeping baby is my nephew. その眠っている赤ん坊は私の甥です。

だれが	する（です）	だれ・なに	どこ	いつ
その眠っている赤ん坊は **The sleeping baby**	です **is**	私の甥 **my nephew.**		

I had a boiled egg. 私はゆで卵を食べた。

だれが	する（です）	だれ・なに	どこ	いつ
私は **I**	食べた **had**	ゆで（られた）卵を **a boiled egg.**		

> 分詞には、「～している」の現在分詞（動詞の -ing形）と「～された」の過去分詞（動詞の -ed形）の2つがある！

分詞には、これまでに紹介した「進行形」「受動態」「完了形」で使われる以外にも用法があります。

分詞が使われるケース

① 進行形
② 受動態
③ 完了形
④ 名詞を修飾
⑤ 主語や目的語を説明

（1）形容詞の働きをして名詞を修飾する（限定用法）

次の文のように**分詞が名詞を修飾**します。ふつう前から名詞を修飾します。

The well-known actor poured some boiling water into the cup.

その有名な俳優が、熱湯をカップの中に注いだ。

だれが	する（です）	だれ・なに	どこ	いつ
そのよく知られた俳優が The well-known actor	注いだ poured	沸いている湯 some boiling water	カップの中に into the cup.	
有名な＝よく知られた		熱湯＝沸騰している水		

しかし、次のようにほかの修飾語句をともなって長くなる場合は、ふつう後ろから名詞を修飾します。

The girl singing an English song has a camera made in Japan.
英語の歌を歌っている**女の子**は、日本製の**カメラ**を持っている。

だれが	する（です）	だれ・なに
英語の歌を歌っている**女の子**は **The girl singing an English song**	持っている **has**	日本でつくられた**カメラ**を **a camera made in Japan.**

（2）補語として主語や目的語を説明する（叙述用法）

もう1つの用法は、分詞が補語として**主語**や**目的語を説明する**場合です。

The door remained unlocked. そのドアはカギが開いたままだった。

だれが	する（です）	だれ・なに
そのドアは **The door**	〜のままだった **remained**	カギの開いた **unlocked.**
主語	=	過去分詞

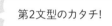
第2文型のカタチ！

I had my bag stolen. 私はかばんを盗まれた。

だれが	する（です）	だれ・なに	
私は **I**	〜された状態にさせた **had**	私のかばんが **my bag**	盗まれた **stolen.**
		目的語	過去分詞

第5文型のカタチ！

分詞構文とは、分詞の入った言葉のかたまり（句）で、「〜するとき」や「〜しながら」などの意味を表した文です。接続詞を使って表すより表現が簡潔になります。分詞構文でよく省略される接続詞はwhen、as、becauseなどがあります。

When we arrived in London, we saw a lot of old buildings.
私たちはロンドンに到着したとき、たくさんの古い建物を見た。

玉手箱	だれが	する（です）	だれ・なに	どこ	いつ
〜とき When	私たちが we	到着した arrived		ロンドンに in London,	
	私たちは we	見た saw	たくさんの古い建物を a lot of old buildings.		

分詞構文にすると…

Arriving in London, we saw a lot of buildings.
ロンドンに到着したとき、私たちはたくさんの古い建物を見た。

玉手箱	だれが	する（です）	だれ・なに	どこ	いつ
		到着したとき Arriving		ロンドンに in London,	
	私たちは we	見た saw	たくさんの古い建物を a lot of old buildings.		

接続詞と主語が省略され、短くなる！
主語が主節と同じなら省略可能。接続詞と主語を省略し、動詞を現在分詞に変えます。

（1）Generally speaking: 概して、一般的に言えば
Generally speaking, they are hard workers.
概して、彼らは働き者だ。

（2）Judging from 〜: 〜から判断すれば
Judging from his accent, he must be from Osaka.
彼のなまりから判断すれば、彼は大阪出身に違いない。

比較

同じか、もっとか、一番か

「弟と同じくらいの背の高さだ」「君は私よりはやく起きる」
「このメロンが一番大きい」など、人と人、モノとモノなど
を比べるときに使う表現です。比較表現には、原級、比較
級、最上級の3つがあります。比較の文をつくるときは、「高
い」や「はやく」などの形容詞・副詞を変化させて表します。

比較の位置づけ

比較がおもに関係するのは［玉手箱］［だれ・なに］のボックス！

（1）原級：as 原級 as ～「～と同じくらい…だ」

Jim is as tall as Tim. ジムはティムと同じくらい背が高い。

玉手箱	だれが	する（です）	だれ・なに	どこ	いつ
	ジムは Jim	です is	同じくらい背が高い as tall		
～と（比べて） as	ティム Tim.	（is）	（tall）		

（2）比較級：-er than ～「～より…だ」

David is taller than Tim. デビッドはティムより背が高い。

玉手箱	だれが	する（です）	だれ・なに	どこ	いつ
	デビッドは David	です is	背が高い taller		
～よりも than	ティム Tim.				

(3) 最上級：-est「最も…な」

David is the tallest of the three.
デビッドは3人の中で最も背が高い。

玉手箱	だれが	する（です）	だれ・なに	どこ	いつ
	デビッドは **David**	です **is**	最も背が高い **the tallest**	3人の中で **of the three.**	

比較表現には3つの形がある ------------------

比較表現には、**(1) 原級**、**(2) 比較級**、**(3) 最上級の3つ**があります。まずは、3つの比較の形を理解しましょう。

同じくらいだ （原級）	**〜よりもっと…だ** （比較級）	**一番〜だ** （最上級）
〈as … as〜〉の形で「〜と同じくらい…だ」を表します。	「〜より…だ」を表します。文の形はp.116で説明します。	「〜の中で最も…だ」を表します。文の形はp.117で説明します。

(1) as 原級 as 〜「〜と同じくらい…だ」

2人（2つ）を比べて、どちらも同じくらいと表すときに使います。

E-books are as good as paper books.
電子書籍は紙の本と同じくらい良い。

玉手箱	だれが	する（です）	だれ・なに
	電子書籍は **E-books**	です **are**	同じくらい良い **as good**
〜と（比べて） **as**	紙の本 **paper books.**	(are)	(good).

> 意味順ボックスは2段で考えます。as … asの中には形容詞（副詞）が入ります。2つ目のas（〜と比べて）は接続詞なので「玉手箱」に入れます。2段目のare goodは1段目と同じなので省略されます（英語では同じ内容のものは省略される傾向があります）。

MEMO

否定形にすると、not as [so] … as 〜「〜ほど…でない」という意味になるので注意。
My brother doesn't study as hard as my sister. 　兄は妹ほど熱心に勉強しない。

（2）比較級（-er/more_）than ～「～より…だ」

2人（2つ）を比べて、「どちらのほうがより～か」を表すときに使います。

That movie seems more interesting than this one.

あの映画はこの映画より面白そうだ。

玉手箱	だれが	する（です）	だれ・なに
	あの映画は **That movie**	ように見える **seems**	より面白い **more interesting**
～よりも **than**	この映画 **this one.**		

> 意味順ボックスは2段にします。接続詞than（～に比べて）は「玉手箱」に入れます。比較級の形容詞（副詞）には -er になるものと more ～ になるものがあります。

MEMO

意味順で考えると、何と何を比較しているのかがすぐにわかります。同じ列にある上下のものが比較されているのです。

I love you more than he does.　私は彼よりもあなたを愛している。

玉手箱	だれが	する（です）	だれ・なに		いつ	どこ
	私は **I**	愛する **love**	あなた **you**	もっと **more**		
～よりも **than**	彼 **he**	愛する **does.**				

> 「だれが」の列のIとheの比較です。「彼が愛する（省略されているdoes はloveの繰り返しを避けたもの）」よりも「私がもっと愛する」ということなので、「僕は君を愛してるんだ！　アイツが君を愛するよりも！」という意味ですね。ちなみにI love you more than him. なら、himが「だれ・なに」ボックスに入るので「私は彼よりもあなたを愛してるの！」です。

（3）最上級（-est/most_）of/in ～「～の中で最も…だ」

3人（3つ）以上の中で、だれが（何が）一番かを表すときに使います。

Mt. Fuji is the most beautiful mountain in Japan.

富士山は日本で一番美しい山だ。

だれが	する（です）	だれ・なに	どこ	いつ
富士山は **Mt. Fuji**	です **is**	一番美しい山 **the most beautiful mountain**	日本で **in Japan.**	

> 最上級の形容詞（副詞）には the -est になるものと the most ～になるものがあります。

MEMO

上の例文では「どこ」ボックスで in Japan と「in」が使われていますが、「of」を使うケースもあります。以下のように使い分けます。

(the) 最上級　of 複数を表す名詞（of the four など）：（4人）の中で最も～
　　　　　　　 in 単数名詞（in the class など）：（クラス）の中で最も～

形容詞と副詞の変化のカタチ -

比較級と最上級をつくる形容詞・副詞には、語尾に -er、-est をつけるものと、more、most をつけるものがあります。「規則変化」と「不規則変化」の2種類があります。

（1）規則変化

①語尾に -er、–est をつけて比較級と最上級をつくる語（短い1音節の語と一部の2音節の語※）

原級 ～な/～い; ～に/～く	比較級 より～な/い; より～に/く	最上級 最も～な/い; 最も～に/く
tall	**tall**er	**tall**est
large	**larg**er	**larg**est
busy	**busi**er	**busi**est
hot	**hot**ter	**hot**test

※音節とは連続した音のなかの母音を中心とした一区切りのこと。pen は1音節、American は4音節（A・mer・i・can）。母音とは日本語だと「アイウエオ」の音です。

②more、mostをつけて比較級と最上級をつくる語（ふつう2音節以上で比較的長い語）

原級 〜な/〜い; 〜に/〜く	比較級 より〜な/い; より〜に/く	最上級 最も〜な/い; 最も〜に/く
important	more important	most important
useful	more useful	most useful
slowly	more slowly	most slowly
carefully	more carefully	most carefully

（例）My mother drives more carefully than me.　私の母親は私より注意深く運転する。

（2）不規則変化

原級 〜な/〜い; 〜に/〜く	比較級 より〜な/い; より〜にく	最上級 最も〜な/い; 最も〜に/く
good/well	better	best
bad/ill	worse	worst
many/much	more	most
little	less	least

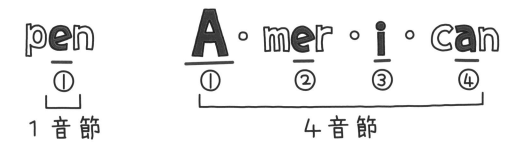

比較を使った重要表現を意味順で見てみましょう。

（1）X times as 原級 as 〜：〜のX倍…だ

This house is twice as big as my house.

この家は私の家より2倍大きい。

玉手箱	だれが	する（です）	だれ・なに	どこ	いつ
	この家は **This house**	です **is**	2倍大きい **twice as big**		
〜と（比べて） **as**	私の家 **my house.**				

※「2倍」は twice になります。「3倍」なら three times、「4倍」なら four times です。

（2）比較級 and 比較級：ますます〜

Global warming is getting worse and worse.

地球温暖化がますますひどくなっている。

だれが	する（です）	だれ・なに	どこ	いつ
地球温暖化が **Global warming**	なっている **is getting**	ますますひどく **worse and worse.**		

関係詞

それについては後ほど詳しく説明します（後置修飾）

関係詞は、その後に続く文（節）が関係詞の直前の言葉（先行詞と呼びます）を説明するというもので、「人」や「モノ」を説明する関係代名詞、「場所」や「時」「理由」「方法」を説明する関係副詞、これらに ever がついた複合関係詞があります。

関係詞の位置づけ

関係詞が関係するのはおもに［玉手箱］［だれが］［だれ・なに］のボックス！

I have a sister who lives in Nagano. 私には長野に住んでいる妹がいる。

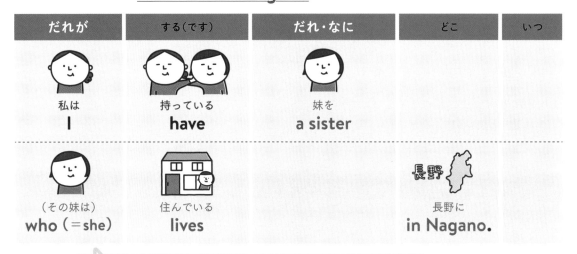

だれが	する（です）	だれ・なに	どこ	いつ
私は **I**	持っている **have**	妹を **a sister**		
（その妹は） **who（＝she）**	住んでいる **lives**		長野に **in Nagano.**	

関係詞は、前の言葉（a sister）に後ろから説明を加える役目をする！

まずは、関係詞の世界を示すマップで全体像をつかみましょう。それぞれの関係詞についてはこのあとのページで説明していきます。

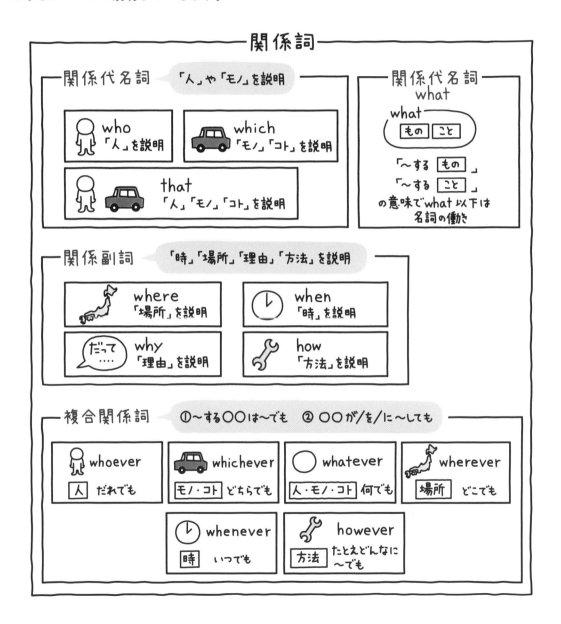

p.120 の文を見てみましょう。文中に、who が入っていますね。これが関係代名詞で、「だれ・なに」に入っている語句をうしろから説明します。人やモノについての説明を次から次へと続けていくものです。

だれが	する（です）	だれ・なに		どこ	いつ
私は **I**	持っている **have**	妹を **a sister**	先行詞		
関係代名詞 **who** （＝she）	住んでいる **lives**			長野に **in Nagano.**	

who以下の文がa sisterを説明しています。ここで説明されるa sisterを先行詞（関係詞の直前に来る言葉。まさに、先に行く詞（ことば）ですね）と呼び、修飾する文（節）の中のhe/she（つまり代名詞）の代わりをするwhoが関係代名詞です。

関係代名詞

代名詞がI（私が）/my（私の）/me（私に［私を］）と変化するように、関係代名詞も「〜が」「〜の」「〜に［〜を］」で形が変わります。先行詞が「人」か「モノ・コト」かによっても変わります。

先行詞	〜が（主格）	〜の（所有格）	〜に［〜を］（目的格）
人	who	whose	who(m)
モノ（コト）	which	whose/of which	which
人・モノ（コト）	that	----	that

※目的格のwho(m)、which、that は省略可能です。
※目的格のwhom の代わりにwho が使われることもあります。

（1）先行詞が「人」の場合：I have a sister.　私には妹がいる。（どんな妹なの？）

① I have a sister <u>who lives in Nagano</u>. 私には<u>長野に住んでいる</u>妹がいる。

他にも説明が求められるかもしれません。たとえば、**友人の妹の職業を説明する**場合は次のように表します。

② I have a friend <u>whose sister is a famous pianist</u>.
私には <u>（その友人の）妹が有名なピアニストである</u>友人がいる。

だれが	する（です）	だれ・なに	どこ	いつ
私は **I**	持っている **have**	友人を **a friend**		
（その友人の妹は） **whose sister**	です **is**	有名なピアニスト **a famous pianist.**		

あるいは、相手（you）が駅で会った女性を私が知っている場合は次のように表します。

③ I know the lady <u>whom you met at the station</u>.
私は君が駅で会った女性を知っている。

玉手箱	だれが	する（です）	だれ・なに	どこ	いつ
	私は **I**	知っている **know**	その女性を **the lady**		
（その女性に） **who(m)（＝her）**	君が **you**	会った **met**	（彼女に） （←her）	駅で **at the station.**	

（2）モノやコトの場合

① **I have** a car <u>which was made in Germany</u>. 私は<u>ドイツ製の</u>車を持っている。

② **I saw** a house <u>whose roof is red</u>. 私は<u>屋根が赤い</u>家を見た。

③ **This is** the bag（<u>which</u>）<u>I bought in Paris</u>. これは私が<u>パリで買った</u>カバンです。

① **I have** a car which was made in Germany. 私はドイツ製の車を持っています。

だれが	する（です）	だれ・なに	どこ	いつ
私は **I**	持っている **have**	車 **a car**		
（その車は） **which**	つくられた **was made**		ドイツで **in Germany.**	

② **I saw** a house whose roof is red. 私は屋根が赤い家を見た。

だれが	する（です）	だれ・なに	どこ	いつ
私は **I**	見た **saw**	家 **a house**		
（その屋根は） **whose roof**	です **is**	赤い **red.**		

③ **This is** the bag（which）I bought in Paris. これは私がパリで買ったカバンです。

玉手箱	だれが	する（です）	だれ・なに	どこ	いつ
	これは **This**	です **is**	そのカバン **the bag**		
（そのカバンを） （**which**）	私が **I**	買った **bought**		パリで **in Paris.**	

関係代名詞のwhat自体は、「〜すること」（＝the thing(s) which）という意味になります。
whoやwhich、thatとは違って、すでに先行詞（人やモノ）の意味を含んでいるので、先行詞を
必要としません。

I don't believe <u>what he said</u>. <u>彼が言ったこと</u>を私は信じていない。

玉手箱	だれが	する(です)	だれ・なに	どこ	いつ
	私は I	信じない don't believe	（先行詞なし）		

玉手箱	だれが	する(です)	だれ ・ なに	どこ	いつ
〜すること what	彼が he	言った said.			

関係副詞には、場所（where）、時（when）、理由（why）、方法（how）を表すものがあります。
関係代名詞が代名詞の働きをして先行詞（人やモノ、コト）を修飾するのに対して、関係副詞は
場所（そこで）や時（そのときに）、理由（そんなわけで）、方法（そのようにして）について説
明する副詞の働きをします。

関係副詞	先行詞	例
where	「場所」を表す語	the place [house, city] where
when	「時」を表す語	the time [day, month] when
why	「理由」を表す語	the reason why
how	—	how you learn English

※where、when、whyなどは先行詞がそれぞれthe place、the time、the reasonなどのときは省略されることがあります。

They stayed at the hotel <u>where my brother works</u>.

彼らは、<u>私の兄が働いている</u>ホテルに滞在した。

玉手箱	だれが	する（です）	だれ・なに	どこ	いつ
	彼らは **They**	滞在した **stayed**		ホテルに **at the hotel** 先行詞	
（そこで） **where**	私の兄が **my brother**	働いている **works.**			

意味順ボックスは2段使い、「玉手箱」にwhereを入れます。先行詞は the hotel で、where以下が the hotel を説明しています。

The year 1964 is the year <u>when the 18th Summer Olympic Games were held in Tokyo</u>.

1964年は<u>第18回夏のオリンピック大会が東京で開催された</u>年です。

玉手箱	だれが	する（です）	だれ・なに	どこ	いつ
	1964年は **The year 1964**	です **is**	年 **the year**		
（そのときに） **when**	第18回夏のオリンピック大会が **the 18th Summer Olympic Games**	開催された **were held**		東京で **in Tokyo.**	

This is the reason <u>why I like this book</u>. これがこの本を私が気に入っている<u>理由</u>です。

玉手箱	だれ	する（です）	だれ・なに	どこ	いつ
	これが **This**	です **is**	その理由 **the reason**		
そんなわけで **why**	私が **I**	気に入っている **like**	この本を **this book.**		

This is <u>how they won the game</u>. このようにして彼らはその試合に勝利しました。

玉手箱	だれ	する（です）	だれ・なに	どこ	いつ
	これが **This**	です **is**			
（そのようにして） **how**	彼らは **they**	勝利した **won**	試合に **the game.**		

複合関係詞

複合関係詞は、関係詞に **-ever** がついたものです。

複合関係詞	意味
whoever	～する人はだれでも；だれが［を］～しても
whichever	～するものはどちらでも；どちらが［を］～しても
whatever	～するものは何でも；なにが［を］～しても
wherever	～するところはどこでも；どこで～しても
whenever	～するときはいつでも；いつ～しても
however	どんなに～しても；どんなふうに～しても

（例）You can invite whoever wants to join us.　参加したい人はだれでも招待していいですよ。

（例）Please come and see me whenever you like.　いつでも好きなときに会いに来てください。

仮定法
「もしも」の世界を想像する

仮定法は、「もし（今）、車があれば、箱根までドライブするのになぁ」「もし（あの時）、早起きしていたら、ケンと会うことができたのになぁ」のように、事実ではなく、「もし仮に〜だったら、…なのに」と「もしも」の話をするときや、空想や願望、後悔を表すときに使います。

仮定法の位置づけ

- -

仮定法が関係するのはおもに［玉手箱］［する（です）］のボックス！

If I were a bird, I could fly in the sky.

もし（今）鳥なら、僕は空を飛べるのに。（＝今、鳥でないので空を飛ぶことができない）

玉手箱	だれが	する（です）	だれ・なに	どこ	いつ
もし〜なら **If**	僕が **I**	（今）〜である **were**	鳥 **a bird,**		
	僕は **I**	飛ぶことができるのに **could fly**		空を **in the sky.**	

> 仮定法は、「もしも〜なら（だったなら）」と想像の話をするときの表現！

128

<u>現在の事実</u>を表すときは、<u>現在形</u>を使います。

では、<u>現在の事実に反する</u>ことを仮想して述べるときはどうするのでしょうか？

→<u>過去形</u>を使います。

これが、「もし今〜ならば、…なのに」と現在の事実に反することを言うときの「仮定法過去」です。

仮定法過去　If＋主語＋過去形, 主語＋would［could/ should/ might］＋動詞の原形

<u>現在の事実に反する</u>ことを述べる場合は<u>過去形</u>を使います（仮定法過去）。

では、<u>過去の事実に反する</u>場合はどうするのでしょうか？

→<u>過去完了（had＋過去分詞）</u>を使います。

これが、「あのとき〜だったなら、…だったのに」と過去の事実に反することを言うときの「仮定法過去完了」です。

仮定法過去完了　If＋主語＋過去完了, 主語＋would［could/ should/ might］have＋過去分詞

次のページで「現在形」「仮定法過去」「仮定法過去完了」の違いを確認してみましょう。

金曜日

飲み会行かない？

①忙しくて行けない〜

① ［現在形］ **I can't go to the party because I'm busy.**
私は忙しいので飲み会に行けない。

②あーあ、忙しくな
ければ行けるのに

② ［仮定法過去］ **If I were not busy, I could go to the party.**
もし（今）私が忙しくないなら、飲み会に行けるのに。

※仮定法ではIf I were...のように、主語がIやheでもbe動詞はふつうwereを用います。

月曜日

飲み会盛り上がったね〜

③忙しくなければ
行けたのにぃ〜！

③ ［仮定法過去完了］ **If I had not been busy, I could have gone to the party.**
（あのとき）忙しくなかったら、飲み会に行けたのに。

「現在」の事実に反する内容を過去形で表します。

If＋主語＋過去形, 主語＋would［could/ should/ might］＋動詞の原形

If I had enough time, I would visit my aunt.

もし（今）十分な時間があれば、叔母を訪ねるのだが。（＝今、時間がないので、叔母を訪ねない）

玉手箱	だれが	する（です）	だれ・なに
もし〜なら **If**	私は **I**	持っている **had** 過去形	十分な時間を **enough time,**
	私は **I**	訪ねるだろう **would visit** would＋動詞の原形	叔母を **my aunt.**

意味順ボックスは2段にし、「玉手箱」にはIfが入ります。2段目の「する（です）」ボックスには「助動詞の過去形＋動詞の原形」が入ります。
助動詞の過去形は、will（〜だろう）→would、can（〜できる）→could、may（〜かもしれない）→might です。

「過去」の事実に反する内容を動詞の過去完了形で表します。

If ＋ 主語 ＋ 過去完了, 主語 ＋ would ［could/ should/ might］ have ＋ 過去分詞

If I had left earlier, I could have met her.

もし（あのとき）はやく出発していたら、彼女に会うことができたであろうに。

（＝遅かったので彼女に会えなかった）

玉手箱	だれが	する（です）	だれ・なに
もし〜なら **If**	私は **I**	はやく出発した **had left earlier,** had ＋ 過去分詞	
	私は **I**	会えただろうに **could have met** could ＋ have ＋ 過去分詞	彼女に **her.**

現在の事実に反することを述べる場合は<u>過去形</u>を使います。
では過去の<u>事実</u>に反する場合はどうするのでしょうか？
→<u>過去完了（had ＋ 過去分詞）</u>を使います。

仮定法を用いた重要表現 -

仮定法を使った重要表現で、代表的なものをいくつか紹介します。

（1）I wish＋主語＋過去：（今）〜であればいいのに

I wish I had a car. 私に車があればいいのになぁ。（車を持っていなくて残念!）

MEMO

I wishを用いると実現可能性が低くなるので、「試験に合格するといいね」や「はやくよくなるといいね」など、
将来の願望を表す際にはふつうI wishは用いません。代わりにI hopeを用いましょう。

I hope you pass the exam.　その試験に合格するといいね。

I hope you get better soon.　はやくよくなるといいね。

（2）I wish＋主語＋過去完了：（あのとき）〜であればよかったのに

I wish you had been there. 君がその場にいたらよかったのになぁ。

（3）as if＋主語＋過去形：まるで〜であるかのように

He behaves as if he lived here. 彼はまるでここに住んでいるかのようにふるまう。

（4）as if ＋主語＋過去完了形：まるで〜であったかのように

He pretends as if nothing had happened.
彼はまるで何ごともなかったかのようなふりをする。

第3部　文法項目を知ろう　133

話法

「僕、腹ペコ」か「彼、腹ペコ」か

話法とは要するに、自分の言葉（直接）か、第三者が本人に代わって伝える（間接）かということです。「トムが『僕、腹ペコ』と言っていたよ」のように、本人の言葉を直接伝えるのが直接話法、「トムが、自分（彼）は腹ペコだと言っていました」のように、話者の視点で間接的に伝える方法が間接話法です。

以上、現場からでした

話法の位置づけ

話法が関係するのはおもに ［玉手箱］［だれが］［する（です）］［どこ］［いつ］のボックス！

（1）直接話法：引用符（" "）を使って、本人の言葉をそのまま伝える

Tom said, "I am hungry now." トムは、「僕は今腹ペコだ」と言った。

玉手箱	だれが	する（です）	だれ・なに	どこ	いつ
	トムは Tom	言った said,			
	私は "I	です am	腹ペコで hungry		今 now."

（2）間接話法：引用符なしで、第三者の視点で伝える

Tom said（that）he was hungry then. トムは、自分は腹ペコだとそのとき言った。

134

玉手箱	だれが	する（です）	だれ・なに	どこ	いつ
	トムは **Tom**	言った **said**			
〜と **(that)**	彼は **he**	だった **was**	腹ペコで **hungry**		そのとき **then.**

話法とはつまり、「だれの言葉で伝えるか」！

直接話法と間接話法

直接話法では、話し手の言葉を引用符（" "）を使ってそのまま伝えるだけでよいのですが、間接話法では、引用する文の①主語、②動詞の時制、③時や場所などについて注意が必要です。

（1）直接話法（自分の言葉や他人の言葉を、引用符（" "）を使ってそのまま伝える）

Tom said, "I am hungry now." トムは「僕は今腹ペコだ」と言った。

トム自身のことを言っているので、引用符（" "）内の主語はI になりbe動詞は、amのまま！

トム、

僕は腹ペコだ

って言ったのよ。

（2）間接話法（引用符を使わずに話し手が自分の言葉に直して伝える）

Tom said (that) he was hungry then. トムはそのとき、**彼**（＝トム）は腹ペコだと言った。

thatの文にするとIがheになり、主節の過去形saidに合わせてamがwasになる！

トム、腹ペコ
なんですって！

間接話法では、I→he、am→was、now→thenになっています（Tom saidが主節で、that he was hungry then. が従属節になっています）。

am→was は、トムが言った内容なので主節のsaid（過去形）に時制を合わせています。これを**時制の一致**といいます。now→thenのnowはトムの発話時の「今」を表します。トムの発言内容は「そのとき」に伝えられたものなので、thenに変わっています。

- -

（1）引用符（" "）内がふつうの文（平叙文）の場合

直接話法 **She said to me, "I want you to stay here."**

彼女は私に「あなたにここにいてほしいの」と言った。

⇒間接話法 **She <u>told</u> me (that) <u>she wanted me</u> to stay <u>there</u>.**

彼女は私にそこにいてほしいと言った。

変え方は次の①〜⑥のステップです。

玉手箱	だれが	する（です）	だれ・なに		どこ	いつ
	彼女は **She**	言った **told**	私に **me**			

①直接話法say（said）to ⇒間接話法tell（told）に

| 〜と
(that) | 彼女は
she | してほしかった
wanted | 私に
me | そこにいて
to stay there. | | |

② that で
つなぐ
（省略可）　③主語
I⇒sheに　④時制（主節の
時制と同じに）
want⇒wanted　⑤目的語
you⇒meに　⑥here（ここに）
⇒there（そこに）

（2）引用符（" "）内が命令文の場合　→　**to を使う！**

直接話法 **My mother said to me, "Shut the door."**

　　　　母は私に「ドアをしめて」と言った。

⇒間接話法 **My mother <u>told</u> me <u>to</u> shut the door.**

　　　　母は私にドアをしめるように言った。

（3）引用符（" "）内が疑問詞（What など）ではじまる疑問文の場合

直接話法 **Tom said to me, "What do you want?"**

トムは「君は何が欲しいの?」と私に言った。

⇒間接話法 **Tom asked me what I wanted.** トムは私に何が欲しいかたずねた。

玉手箱	だれが	する（です）	だれ・なに
	トムは **Tom**	たずねた **asked**	私に **me**

①疑問文のときはsaid to ⇒ askedに

何を	私が	欲しい	
what	**I**	**wanted.**	

②what ＋ふつうの文（平叙文）の順序に！

何が欲しい?

（4）引用符（" "）内がDoなど疑問詞のない疑問文の場合

直接話法 **Helen said to me, "Do you like natto?"**

ヘレンは私に「納豆好き?」と言った。

⇒間接話法 **Helen asked me if I liked natto.**

ヘレンは私に納豆は好きかどうかたずねた。

玉手箱	だれが	する（です）	だれ・なに
	ヘレンは **Helen**	たずねた **asked**	私に **me**
～かどうか **if**	私は **I**	好き **liked**	納豆が **natto.**

if ＋ふつうの文（平叙文）の順序に！

無生物主語構文
モノやコトが主語になる

英語ではふつう、人や生き物が主語になりますが、モノやコトが主語になることもあります。これを「無生物主語」といいます。無生物主語の文には、いくつかのタイプがあります。ここでは、「させる」「もたらす」「示す」の文を紹介します。

山がオレをよんでいる

無生物主語構文の位置づけ

無生物主語構文が関係するのはおもに［だれが］［する（です）］のボックス！

Their manzai made me laugh. 彼らの漫才が私を笑わせた。⇒彼らの漫才で、私は笑った。

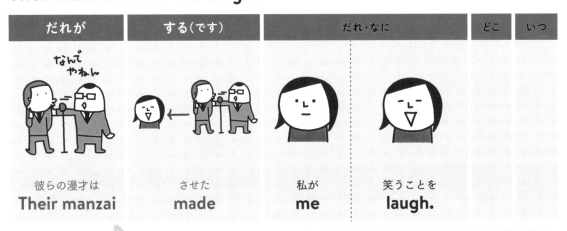

だれが	する（です）	だれ・なに		どこ	いつ
彼らの漫才は **Their manzai**	させた **made**	私が **me**	笑うことを **laugh.**		

モノやコトが主語の文になるときは、比喩的にとらえて「だれが」を「なにが」に置き換える！「無生物主語」の名称のとおり、主語「だれが」にふかくかかわっています。

138

（1）「させる」タイプ（make、force、cause など）

・make＋人＋原形不定詞（動詞の原形）「人に〜させる」
使役動詞make を使った無生物主語の文です（使役動詞はp.105参照）。

Their manzai made me laugh.

（直訳）彼らの漫才が私を笑わせた。⇒彼らの漫才で、私は笑った。

> 無生物主語の文は、直訳すると「だれが」を「なにが」と置き換えるだけでいいのですが、
> 主語「漫才が」を「漫才によって」ととらえると、日本語らしい表現になります。

・force/cause＋人＋to不定詞　「人に（強制的に／何かが原因となって）〜させる」
※force:（強制的に）〜させる、cause:（結果的に）〜させる

The sudden rain forced me to stay inside the house.

（直訳）突然の雨は、私を家の中にとどまらせた。

⇒突然の雨のせいで、私は家の中にとどまらなければならなかった。

だれが	する（です）	だれ・なに		どこ	いつ
突然の雨は The sudden rain	させた forced	私を me	家の中にとどまるように to stay inside the house.		

（2）「もたらす」タイプ（bring、take、lead など）

・bring［take／lead］＋人（＋場所）「人を（〜に）連れてくる［連れていく］」

※bring: 〜を連れてくる、take／lead: 〜を連れていく

What brought you here?

（直訳）何があなたをここに連れてきたのか?⇒どうしてあなたはここに来たの?

だれが	する（です）	だれ・なに	どこ	いつ
何が **What**	連れてきた **brought**	あなたを **you**	ここに **here?**	

Will this bus take us to the museum?

このバスに乗れ**ば**博物館へ行けますか?

（3）「伝える」タイプ（say、show、tell など）

・say（〜と書いてある）

Today's paper <u>says</u> that a hurricane is coming.

（直訳）今日の新聞はハリケーンがやってくると言っている［書いてある］。

⇒今日の新聞によればハリケーンがやってくるそうだ。

玉手箱	だれが	する（です）	だれ・なに
	今日の新聞は **Today's paper**	言っている［書いてある］ **says**	
〜と **that**	ハリケーンが **a hurricane**	やってくる **is coming.**	

2段にするんだね

・show（〜を示す）

This map shows us the way to the station.

この地図を見れ**ば**駅までの道がわかります。

（4）「妨げる」タイプ（prevent、keep、stop など）

・prevent ［keep/stop］ 〜 from -ing 「〜が…するのを妨げる」

The noise prevented **her** from **sleep**ing **last night.**

（直訳）昨夜騒音が彼女が眠るのを妨げた。

⇒昨夜騒音のため彼女は眠ることができなかった。

だれが	する（です）	だれ・なに		どこ	いつ
騒音は The noise	妨げた prevented	彼女を her	眠ることから from sleeping		昨夜 last night.

> 「〜によって、（人）が…できない」とすると、日本語らしい表現になります。

（5）その他のタイプ（remind、allow など）

・remind＋人＋of 〜 「人に〜を思い出させる」

This picture **always** reminds **me** of **my high school days.**

（直訳）この写真はいつも私に、私の高校時代を思い出させてくれる。

⇒この写真を見ると、私はいつも高校時代を思い出す。

だれが	する（です）	だれ・なに		どこ	いつ
この写真が This picture	いつも思い出させる always reminds	私に me	高校時代を of my high school days.		

> 「〜を見ると、人は…を思い出す」とすると、日本語らしい表現になります。

・allow＋人＋to不定詞 「〜のおかげで、人が…できる」

The money allowed **her to go abroad.** そのお金で彼女は外国へ行くことができた。

強調構文

It is 〜 that ...の文

割ったのは **あのねこです!!**

強調構文とは、文中の一部を強調するときに使う構文のことを言います。たとえば、「昨日私が窓を割った」という文を、「昨日窓を割ったのは**私**だ」や「昨日私が割ったのは**窓**だ」「私が窓を割ったのは**昨日**だ」のようにして「私」や「窓」「昨日」を強調することができます。

強調構文の位置づけ

強調構文が関係するのは［玉手箱］［だれが］［だれ・なに］［どこ］［いつ］のボックス!

I broke the window yesterday. 私は昨日窓を割った。
⇒It was I that broke the window yesterday. 昨日窓を割ったのは私だった。

玉手箱	だれが	する(です)	だれ・なに	どこ	いつ
	It	でした **was**			
	私（が） **I**				
～のは **that［who］**	私が **(I)**	割った **broke**	その窓を **the window**		昨日 **yesterday.**

…したのは私でした!

強調構文は、「～したのは…だ!」と強調するときの文!
It は「それは」でも形式主語（p.102）でもない、言うなれば「強調構文のit」。

142

It was I that saw Billy in the library yesterday.（昨日図書館でビリーに会った**のは私だった**）のように、一番強く言いたい部分を前に出して強調する文です。It is［was］〜 that ...（…なのは〜だ［だった］）の形で表せます。この〜には主語Iや目的語Billyのほか、場所（in the library）や時（yesterday）なども入ります。It is［was］〜 that ...の〜に入るものは、IやBillyなどの語句の場合と、because I was illといった節の場合があります。

（1）語句を強調する場合
基本文 **I saw Billy in the library yesterday.**

①Billy を強調する場合

It was Billy that［whom］I saw in the library yesterday.
私が昨日図書館で会ったのはビリーだった。

玉手箱	だれが	する（です）	だれ・なに	どこ	いつ
		でした **was**			
	It				
			ビリー **Billy**		
〜のは **that** **[whom]**	私が **I**	会った **saw**	↑ （Billy）	図書館で **in the library**	昨日 **yesterday.**

意味順ボックスは3段にして考えよう！

②in the library を強調する場合

It was in the library that I saw Billy yesterday.
私が昨日ビリーに会ったのは図書館だった。

玉手箱	だれが	する(です)	だれ・なに	どこ	いつ
	It	でした was			
				図書館で in the library	
～のは that	私が I	会った saw	ビリーに Billy	↑ (in the library)	昨日 yesterday.

③yesterday を強調する場合

It was yesterday that I saw Billy in the library.
私が図書館でビリーに会ったのは昨日だった。

玉手箱	だれが	する(です)	だれ・なに	どこ	いつ
	It	でした was			
					昨日 yesterday
～のは that	私が I	会った saw	ビリーに Billy	図書館で in the library.	↑ (yesterday)

（2）節を強調する場合

語句と同様に、It is［was］〜 that...の形で表します。

It was not until I left school that I realized the importance of that job.

学校を卒業してはじめてその仕事の重要さがわかった。

（学校を卒業するまでその仕事の重要さがわからなかった）

玉手箱	だれが	する（です）	だれ・なに	どこ	いつ
		It でなかった **was not**			
					学校を卒業するまで **until I left shool**
〜のは **that**	私が **I**	わかった **realized**	その仕事の重要さ **the importance of that job.**		↑ （until I left shool）

第 **4** 部

文をつくるための
品詞をもっと知ろう

名詞
「人、モノ、概念」を表す

「スマホ」に「机」、「冷蔵庫」に「電子レンジ」、「姉」に「弟」、「友人」に「知人」など、周囲は名詞でいっぱいです。名詞とはこのように人やモノの名前を表す言葉です。さらに、「空気」や「油」のような物質、「美（しさ）」や「勇気」といった形の見えない抽象的な概念も名詞になります。

この世は名詞でできている！

名詞の位置づけ

名詞が関係するのは［だれが］［だれ・なに］［どこ］［いつ］のボックス！

Yumiko bought a bottle of wine at the store.

ユミコはその店で1本ワインを買った。

だれが	する（です）	だれ・なに	どこ	いつ
ユミコは **Yumiko** 固有名詞	買った **bought**	1本のワインを **a bottle of wine** 物質名詞	その店で **at the store.** 普通名詞	

Honesty is the best policy.

正直は最善の策である。〈ことわざ〉

だれが	する（です）	だれ・なに	どこ	いつ
正直は **Honesty** 抽象名詞	です **is**	最善の策 **the best policy.** 抽象名詞		

名詞は、「する（です）」以外すべてのボックスに関係！

名詞は、コミュニケーションを図るうえで重要な働きをします。「窓を開けてください」の「窓」や「図書館への道を教えてください」の「図書館」や「道」、「友人のハルカはポチを連れて散歩にでかけました」の「友人」や「ハルカ」、「ポチ」「散歩」などはすべて名詞です。人に頼み事をしたり、事実の描写や意見を伝えたりする際に必要な品詞です。

名詞はふつう、(1) 普通名詞、(2) 集合名詞、(3) 固有名詞、(4) 物質名詞、(5) 抽象名詞の5つに分類されます。

(1) 普通名詞
形が見えて数えられるもの

cup（カップ）、desk（机）、orange（オレンジ）、pen（ペン）、dog（犬）など

(2) 集合名詞
集合体をなしているもの

family（家族）、police（警察）、committee（委員会）など

(3) 固有名詞
人名や地名など固有のもの

Yumiko、Nancy、Kyoto、Mars（火星）など

(4) 物質名詞
物質を表すもの

coffee（コーヒー）、milk（牛乳）、wine（ワイン）、water（水）、paper（紙）など

(5) 抽象名詞
形が見えない概念や感情を表すもの

beauty（美）、honesty（正直）、kindness（親切）など

なるほど！

- -

英語では、これらの名詞は、1. 数えられる名詞（可算名詞）と2. 数えられない名詞（不可算名詞）に区別されます。グループ分けをするとふつう次のようになります。

1. 数えられる名詞

（1）普通名詞

cup、pen、dog

（2）集合名詞※

※一部数えられないものもあります。

family、crew

2. 数えられない名詞

（3）固有名詞

Yumiko、Kyoto

（4）物質名詞

coffee、wine

（5）抽象名詞

beauty、kindness

1. 数えられる名詞

（1）普通名詞

ふつう単数の場合は冠詞「a(n)」をつけ、複数形には語尾に -e(s) をつけます（many students（多くの生徒）、two boxes（2つの箱）など）。ただし、children（子ども）や sheep（羊）のように不規則な複数形もあります（three children、many sheep など）。

（2）集合名詞

人やモノの集合体を表す。単数としても複数としても扱うもの（family（家族）、committee（委員会）、crew（乗務員）など）と単数形で、常に複数扱いのもの（people（人々）、police（警察）など）、単数扱いのもの（furniture（家具類）など）があります。

（例）**His family lives in Canada.** 彼の家族はカナダに住んでいる。

（例）**The police are coming.** 警察が来るぞ。

２．数えられない名詞

（3）固有名詞

固有名詞は基本的にaやtheはつきませんが、以下の場合にはつきます。

・「the」がつく場合

①河川や山脈など	the Thames（テムズ川）、the Alps（アルプス山脈）
②列車や船舶など	the Nozomi（のぞみ号）、the Titanic（タイタニック号）
③新聞や雑誌など	The Times（タイムズ紙）、The Economist（エコノミスト誌）

・「a(n)」がつく場合

① a＋一般人「～という人」A Mr. Smith（スミスさんという人）

② a＋有名人「～のような人」An Einstein（アインシュタインのような人）

③ a＋企業や作家 「～の製品、作品」a Toyota（トヨタの車（製品））

（4）物質名詞

物質名詞を数える場合は、容器（a cup of/a glass of（カップ1杯の/グラス1杯の））や形状（a sheet of/a piece of（1枚の/1片の））などと一緒に使います。

> **MEMO**
>
> コーヒーは物質名詞ですのでa cup of coffeeと言いますが、口語では"Two coffees, please."などとカップに入ったコーヒーとして数えることもあります。

Two coffees, please!

（5）抽象名詞

「正直さ」（honesty）や「親切（心）」（kindness）、「美」（beauty）など形のない概念などを表す名詞です。ふつう単独での使用には冠詞「a(n)」をつけない単数形で用います。

代名詞
名詞の代わりの言葉

文字通り、名詞の代わりをする言葉です。人名のAndrew を代名詞にするならhe（彼は）やhim（彼に［を］）、Tom and Jerry ならthey（彼らは）やthem（彼らに［を］）のようになります。the bag をit（単数）、they［them］（複数）と言うように、モノにも使います。

代名詞が関係するのは［だれが］［だれ・なに］のボックス！

He cooked me breakfast.

彼は私に**朝食**をつくってくれた。

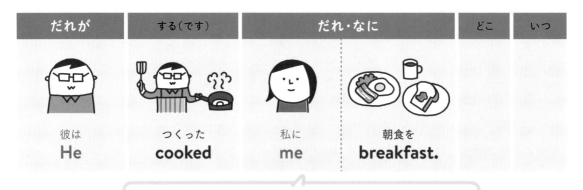

だれが	する（です）	だれ・なに		どこ	いつ
彼は He	つくった cooked	私に me	朝食を breakfast.		

代名詞は、「だれが」「だれ・なに」のボックスに関係！

たとえば代名詞がなかったら、「ケンと昨日町で会って、ケンと一緒にお茶を飲み、ケンの仕事について相談を受けた」のように、文中で「ケン」が何度も登場し、かなりくどくなります。二度目以降は、「ケン」でなく「彼」で十分に通じます。このように、名詞「ケン」の代わりに使う言葉「彼」が代名詞です。

代名詞マップで全体像をつかもう

まずは、代名詞にはどんな種類のものがあるかをざっと確認しましょう。それぞれの代名詞はこのあと解説していきます。

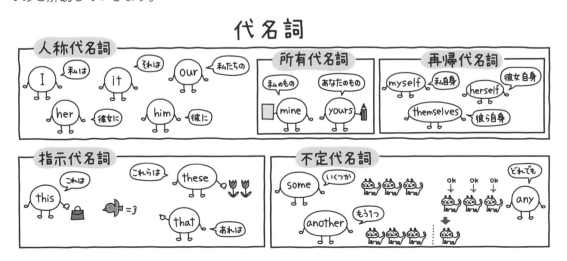

（1）人やモノの名詞を代名詞に変える

代名詞の代表的なものは「人称代名詞」です。1人称とは「話し手」（私、私たち）、2人称とは「聞き手」（あなた、あなたたち）、そして3人称とは「話し手と聞き手以外の人・モノ」（彼、彼女、それ、彼ら、彼女たち、それら）を指します。

人称		単数(1人)			複数(2人以上)		
		主格 だれが[は]	所有格 だれの	目的格 だれに[を]	主格 だれが[は]	所有格 だれの	目的格 だれに[を]
1人称 （話し手）		**I** 私が[は]	**my** 私の	**me** 私に[を]	**we** 私たちが[は]	**our** 私たちの	**us** 私たちに[を]
2人称 （聞き手）		**you** あなたが[は]	**your** あなたの	**you** あなたに[を]	**you** あなたたちが[は]	**your** あなたたちの	**you** あなたたちに[を]
3人称	男性	**he** 彼が[は]	**his** 彼の	**him** 彼に[を]	**they** 彼ら・彼女ら・それらが[は]	**their** 彼ら・彼女ら・それらの	**them** 彼ら・彼女ら・それらに[を]
	女性	**she** 彼女が[は]	**her** 彼女の	**her** 彼女に[を]			
	中性	**it** それが[は]	**its** その	**it** それに[を]			

話し手

聞き手

話し手と聞き手以外の
人・モノ

(2)「〜のもの」を表す所有代名詞

たとえば、Is this your smartphone?（これ、あなたのスマホ?）と聞くとき、目の前にスマホがあれば、話し手・聞き手ともに何を指しているかわかっているので、Is this yours?（これ、あなたの?）Yes, it's mine.（そう、僕の）と、yoursやmineで代用することができます。これらの代名詞を所有代名詞といい、「〜のもの」という意味になります。

人称	単数		複数	
1人称	mine	私のもの	ours	私たちのもの
2人称	yours	あなたのもの	yours	あなたたちのもの
3人称	his	彼のもの	theirs	彼らのもの
	hers	彼女のもの	theirs	彼女たちのもの

※所有代名詞も人称代名詞の1つです。

英語ではふつう主語（「だれが」）が必要です。①時間や季節、②天候や寒暖、③距離、④状況や事情などを表すときは、it を主語にします。この場合、it は「それ」とは訳しません。

① 時間や季節を表す

What time is it now? — It's seven o'clock. 今、何時ですか？－7時です。

② 天候や寒暖を表す

It's sunny today. 今日はいい天気だ。

③ 距離を表す

How far is it from here to the post office?
ここから郵便局までどれくらいありますか？

④ 状況や事情などを表す

Take it easy. 落ち着いてね。／気楽に行こうね。（米語：じゃあね。）

たとえば①の例文は、「7時です」をそのまま意味順で考えると、主語がありません。

だれが	する（です）	だれ・なに	どこ	いつ
	です **is**			7時 **seven o'clock**

ここが空っぽなので、文にならない！

ですから、「だれが」ボックスに主語となる It を入れて文の形にするのです。

だれが	する（です）	だれ・なに	どこ	いつ
It	です **is**			7時 **seven o'clock.**

単数形	複数形
this（これは、この）	**these**（これらは、これらの）
that（あれは、あの）	**those**（あれらは、あれらの）

（例）This song is for these children.
この曲はこの子たちのためのものです。

不特定のものを指す（不定代名詞）

（1）前の文の名詞を表す one

I forgot to bring a pen. Do you have one?

私、ペンを持ってくるのを忘れた。あなたは持ってる？

I have lost my pen. I need a new one.

私はペンをなくした。新しいのが必要だ。

one ＝ a pen のことだね！

（2）「もう1つ」を表す another

This coffee tastes so good. I want another.

＝ another cup of coffee

このコーヒー、とてもおいしい。もう1杯欲しい。

another は「もう1つの〜」という形容詞の意味もある。

（3）「2つのうちの残りの1つ」を表す the other

One is for you and the other is for me.

1つはあなたので、もう1つは私のです。

⇒the others にすると、「残りすべて」の意味になる。

I like this flavor. I don't like the others.

この味が好き。残りのは好きじゃない。

形容詞
名詞に「どんな」をつけ足す言葉

「優しい人」や「美しい花」のように、人やモノに、「どんな」という情報をつけくわえるのが形容詞です。さらに、「私は眠い（私＝眠い）」のように、主語（私）などを説明する補語の役割もします。形容詞は、人やモノについてその性質や状態を表します。

オレかい？ オレは
いろんなレッテルはられた
ただのりんごさ

おおきい　あかい　まるい

形容詞の位置づけ -

形容詞が関係するのは［だれが］［だれ・なに］［どこ］［いつ］のボックス！

A beautiful girl is having a relaxing time at a nice café on a sunny day.

美しい女の子が晴れた日に素敵なカフェでくつろいだ時間を過ごしている。

だれが	する（です）	だれ・なに	どこ	いつ
美しい女の子が	持っている	くつろいだ時間を	素敵なカフェで	晴れた日に
A beautiful girl	is having	a relaxing time	at a nice café	on a sunny day.

形容詞は、「する（です）」以外すべてのボックスで名詞を修飾！

形容詞には、（1）名詞（人やモノ）を説明する場合と（2）補語として主語や目的語を説明する場合があります（p.110もご参照ください）。

（1）名詞を修飾する（限定用法）

The old lady said something nice. そのおばあさんは、何かいいことを言った。

-thingで終わる名詞の場合は後ろから修飾します。

（2）補語として主語や目的語を説明する（叙述用法）

もう1つの用法は、形容詞が補語として**主語や目的語を説明する**場合です。

He looks very happy. 彼はとても幸せそうに見える。

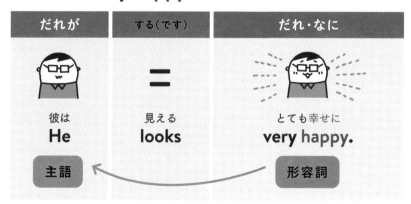

第2文型で登場した「だれが（主語）」＝「だれ・なに（補語）」のカタチ！

※veryは副詞で、形容詞happyを修飾しています。

He painted the wall white. 彼はその壁を白く塗った。

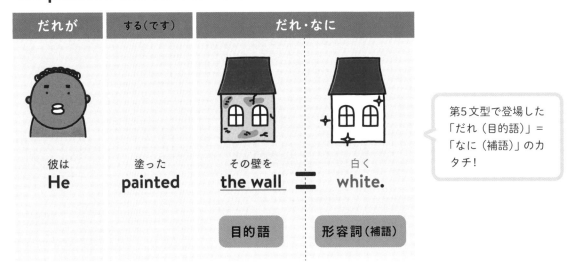

だれが	する（です）	だれ・なに	
彼は **He**	塗った **painted**	その壁を **the wall** ＝	白く **white.**
		目的語	形容詞（補語）

第5文型で登場した「だれ（目的語）」＝「なに（補語）」のカタチ！

注意したい形容詞

形容詞はふつう限定用法と叙述用法の両方で使われますが、中には（1）限定用法のみで使われる形容詞、（2）叙述用法のみで使われる形容詞、そして（3）両方で使われるが、意味が異なる形容詞があります。代表的なものを一部ご紹介しましょう。

（1）限定用法（名詞を修飾する）のみの形容詞
elder（年上の）、total（全部の）、main（主な）、rural（田舎の）、latter（後者の）など。

the main reason 主な理由
my elder brother 私の兄（年上の兄弟）

（2）叙述用法（補語になる）のみの形容詞
alive（生きて）、asleep（眠って）、alone（1人で）、awake（目が覚めて）、well（健康な）、aware（気づいて）など。

He was alone. 彼はひとりだった。
I wasn't aware of the danger. 私はその危険性に気づいていなかった。

（3）限定用法と叙述用法で意味が異なる形容詞

・late （限定用法：故〜　叙述用法：遅い）

the late Dr. Smith 故スミス博士

He was late. 彼は遅刻した。

・present（限定用法：現在の　叙述用法：いる、出席している）

the present status 現在の状況

He was not present at the meeting. 彼はその会合に出席していなかった。

形容詞の順序

名詞との関係によりますが、ふつうは、「数量＞大きさ＞形状・性質・状態＞新しさ＞色彩」の順になります。

数量	大きさ	形状・性質・状態	新しさ	色彩	名詞
a	big		new	red	car
two	big		old		houses
a	little	round		brown	stone

副詞
文を彩る名脇役

副詞は、動詞、形容詞や他の副詞、そして文全体を修飾する働きをします。たとえば、「花が**きれいに**咲く」の「**きれいに**」や「**速く**走る」の「**速く**」、「**とても**重い」の「**とても**」などです。また、場所を表す「**そこで**」や時を表す「**そのとき**」、頻度を表す「**いつも**」「**時々**」なども副詞です。

さあ、ゴージャスにかざるわよ

副詞の位置づけ -------------------------------------

副詞が関係するのは [玉手箱] [する（です）] [だれ・なに] [どこ] [いつ] のボックス！

（1）**I always eat lunch here.** 私はいつもここでランチを食べる。

玉手箱	だれが	する(です)	だれ・なに	どこ	いつ
	私は	いつも食べる	ランチを	ここで	
	I	**always eat**	**lunch**	**here.**	
		頻度		場所	

（2）**Fortunately, I was able to see Mr. Smith yesterday.**

幸運にも昨日、私はスミス氏に会うことができた。

玉手箱	だれが	する(です)	だれ・なに	どこ	いつ
幸運にも	私は	会うことができた	スミス氏に		昨日
Fortunately,	**I**	**was able to see**	**Mr. Smith**		**yesterday.**
文全体を修飾					時

> 副詞は、文に頻度や場所、時などの情報を追加して、文をより詳しく説明する！

副詞が修飾するのは、**動詞と形容詞、他の副詞、そして文全体**です。**主役はあくまで文の主要素（主語・動詞・目的語・補語）で、副詞はいわば脇役**です。この違いがわかるようになれば、長い文も理解しやすくなります。

> 副詞があると、詳しく伝わるね！

Surprisingly, his room was pretty clean.

驚いたことに、彼の部屋はかなりきれいだった。

玉手箱	だれが	する（です）	だれ・なに		どこ	いつ
驚いたことに **Surprisingly,**	彼の部屋は **his room**	でした **was**	かなりきれい **pretty**	**clean.**		
文全体を修飾			副詞	形容詞		

※文全体を修飾する副詞は「玉手箱」に入れます。
※pretty は形容詞（かわいい）と副詞（かなり）で意味が変わります。

副詞は配置の自由度が高く、文頭に置かれて文全体を修飾したり、動詞の前、動詞の後や文末などいろいろな場所に現れます。

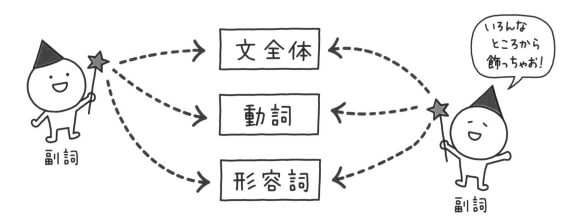

副詞は、(1) 頻度、(2) 程度、(3) 様態、(4) 場所、(5) 時などについて詳しく説明することができます。

(1)頻度
どのくらいの頻度で（～する）

always（いつも）、usually（たいてい）、often（しばしば）、sometimes（時々）

(2)程度
どの程度（～する）

hardly（ほとんど～ない）、absolutely（絶対に）、slightly（わずかに）

(3)様態
どんなふうに（～する）

run fast（速く走る）、change quickly（すぐに変わる）、do well（うまくやる）

(4)場所
どこで/どこへ（～する）

here（ここで）、there（そこで）、away（離れて）、far（遠くに）

(5)時
いつ（～する）

now（今）、then（そのとき）、today（今日）、tomorrow（明日）、every day（毎日）

(1) **I usually have lunch here.** 私はたいていここで昼食をとる。

(2) **I can hardly believe his story.** 彼の話はほとんど信じることはできない。

(3) **He can run fast.** 彼は速く走ることができる。

(4) **She left her umbrella there.** 彼女は傘をそこに置き忘れた。

(5) **We are going to see her tomorrow.** 私たちは明日彼女に会うつもりだ。

頻度を表す副詞について、どれぐらいの頻度かを％で表しています。

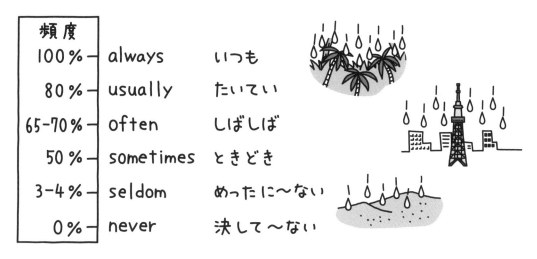

頻度		
100％	always	いつも
80％	usually	たいてい
65-70％	often	しばしば
50％	sometimes	ときどき
3-4％	seldom	めったに〜ない
0％	never	決して〜ない

※瀬田幸人（1997）『ファンダメンタル英文法』（ひつじ書房）を参考に作成

部分否定

副詞には、notと一緒に使われて「部分否定」を表すものがあります。

部分否定	意味
not always	必ずしも〜ない
not necessarily	必ずしも〜ない
not very	あまり〜ない
not much	あまり〜ない

（例）

She does not always skip breakfast. 彼女は必ずしも朝食を抜くとは限らない。

There is not much difference between this cat and that one.

このねことあのねこに違いはあまりない。

前置詞
名詞（句）の前に置く小さな言葉

前置詞とは、名詞（句）の**前**に**置**かれる**詞**（ことば）で、I live **in** Kyoto.（京都**に**住んでいる）、I read a book **in** the library.（図書館**で**本を読んだ）の「～**に**・**で**（場所を表す）」や、I wake up **at** eight o'clock.（8時**に**起きる）の「～**に**（時を表す）」などの意味があります。

前置詞の位置づけ

前置詞が関係するのはおもに［どこ］［いつ］のボックス！

She runs in the park before breakfast.
彼女は朝食の前に公園で走る。

だれが	する（です）	だれ・なに	どこ	いつ
彼女は **She**	走る **runs**	日本語と英語で語順が逆に！	公園＋で **in＋the park**	朝食＋前に **before＋breakfast.**
			前置詞　名詞（句）	前置詞　名詞

前置詞は名詞の前に置かれ、「～で（場所）」や「～に（時）」などいろいろな意味を表す！

場所を示す前置詞には次のものがあります。

①位置（上下関係、前後関係）を示す

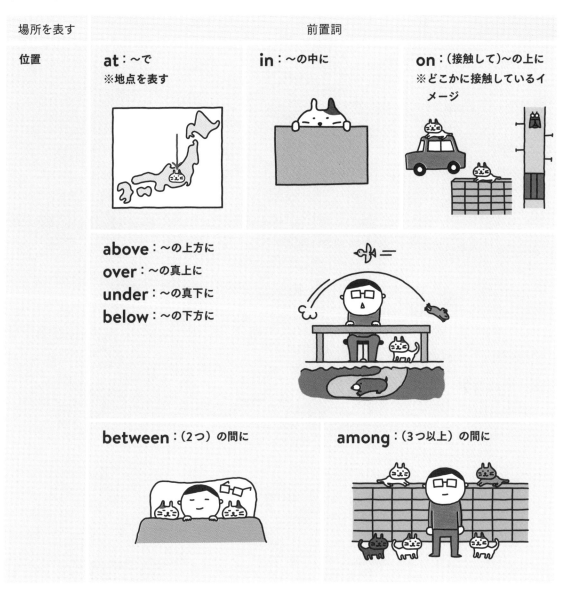

場所を表す　　　　　　　　　　　　　　　前置詞

位置

at：～で
※地点を表す

in：～の中に

on：（接触して）～の上に
※どこかに接触しているイ
　　メージ

above：～の上方に
over：～の真上に
under：～の真下に
below：～の下方に

between：（2つ）の間に

among：（3つ以上）の間に

②進行・通過を表す

場所を表す		前置詞
進行・通過	along：〜に沿って across：〜を横切って through：〜を通り抜けて	

③方向性・到達を表す

場所を表す		前置詞
方向性・到達	for：〜のほうへ　※方向を示す	to：〜へ　※到達点を示す
	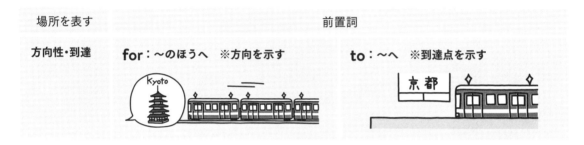	

④接近・遠隔を表す

場所を表す		前置詞
接近・遠隔	by/beside：〜のそばに near：〜の近くに	

MEMO

「彼女に図書館で会った」を英語で表現する場合、I saw her at the library. と I saw her in the library. のどちらが正しいでしょうか。じつは両者とも文法的には問題はありません。ただ、前者は「地点」を表すatが使われているので「図書館の入口あたり」で、後者は「〜の中」を表すinが使われているので「図書館の中」で会ったことになるでしょう。

時を示す前置詞には、①年月や日時など、②時の起点（〜から）や終点（〜まで）、③期間などがあります。

時を表す	前置詞
年、季節、月、日時	at：時刻に on：曜日や特定の日に in：月／年／四季に
起点	from：〜から、since：〜以来、after：〜以降など
終点	till/until：〜まで（ずっと）、before：〜の前に、by：〜までになど
期間	for：〜の間、during：（特定の期間）の間など

他にも、次の意味を表す前置詞もあります。

その他	前置詞
原因・理由	(die) of/from：病気やケガのために（死ぬ）
目的・結果	for：〜のために、after：〜を求めてなど
手段・道具	by (car)：（車）で、with (a pen)：（ペン）でなど
材料・原料	(made) of（〜の材料でつくられた）、(made) from（〜の原料でつくられた）など

接続詞
語と語、文と文をつなぐ接着剤

接続詞は、文の中で語句と語句、文（節）と文（節）をつなぐ働きをします。接続詞には、and、but、orやthat、when、ifなどがあり、語句と語句の間や、文と文の間、文頭に置かれます。

接続詞の位置づけ -

接続詞が関係するのはおもに［玉手箱］のボックス！

Ken likes singing and I like dancing. ケンは歌うのが好きで、私は踊るのが好きだ。

玉手箱	だれが	する（です）	だれ・なに	どこ	いつ
	ケンは **Ken**	好きだ **likes**	歌うことが **singing**		
そして **and**	私は **I**	好きだ **like**	踊ることが **dancing.**		

> **接続詞は、語句と語句、節と節をつなぐ言葉！**
> 接続詞は「玉手箱」に入れ、意味順ボックスは2段にします。

接続詞には、and や but などで**同じ構造の文同士をつなぐ接続詞**（等位接続詞）と、when や if、that などで**主節と従属節をつなぐ接続詞**（従位接続詞）があります。

（1）対等な関係をつなぐ接続詞（等位接続詞）

and、but、or、so などで同じ構造の文同士をつなぎます。2つの文には文法上は**対等の関係**があります。また、等位接続詞でつないだ文は、重文と呼びます（p.64をご参照ください）。

等位接続詞	基本的な意味
A and B	AとB；A、そしてB；AすればB
A but B	AしかしB；A、でもB
A or B	AまたはB；A、さもないとB；AかBか
A, so B	A、それでB

I was sleeping, so I couldn't pick up the phone.

眠っていたので、電話に出ることができなかった。

玉手箱	だれが	する（です）
	私は **I**	眠っていた **was sleeping,**

=

玉手箱	だれが	する（です）	だれ・なに
それで **so**	私は **I**	出られなかった **couldn't pick up**	電話に **the phone.**

> 2組の文は、どちらも「主語 + 動詞」のある「節」。文法的に対等になる！

（2）主従関係をつなぐ接続詞（従位接続詞）

従位接続詞には、that、if、when、as などがあります。つながれる文（節）と文（節）は主節と従属節と呼ばれ、重みの異なる、いわば**主従の関係**になります。この従位接続詞を使った文を複文（p.66参照）と呼びます。

従位接続詞	基本的な意味
A <u>that</u> B	B であるということ（を）A
A <u>whether [if]</u> B	B であるかどうか（を）A
<u>When</u> B, A （A <u>when</u> B）	B するとき A
<u>Because</u> B, A （A <u>because</u> B）	B なので A
<u>If</u> B, A （A <u>if</u> B）	もし B なら A

> 文の中で中心となるメッセージが主節、その内容の一部（〜ということを私は知っている）や理由・条件（もし〜なら、私はそうするだろう）を表す節が従属節です。

※**A**＝主節、**B**＝従属節、（ ）に言い換え可能。

（例）

I know that she is a doctor. 私は彼女が医師であることを知っている。

They asked me whether their team had won.
彼女たちは自分たちのチームが勝ったかどうかを私に尋ねた。

When I came home, my sister was watching TV.
帰宅すると、姉はテレビを見ていた。

＝My sister was watching TV when I came home.

Because it is raining now, I will stay at home.
今、雨が降っているので、家にいるつもりだ。

＝I will stay at home because it is raining now.

If I knew his name, I would tell you.
もし私が彼の名前を知っていたら、君に教えるだろう。

＝I would tell you if I knew his name.

長い文は、意味順ボックスで文をわけると理解しやすくなります。

They asked me whether their team had won.
彼女たちは自分たちのチームが勝ったかどうかを私に尋ねた。

玉手箱	だれが	する（です）	だれ・なに		どこ	いつ
	彼女たちは **They**	尋ねた **asked**	私に **me**	彼女たちの チームが勝っ たかどうかを ↓2段目へ		
～かどうか **whether**	彼女たちのチームは **their team**	勝った **had won.**				

When I came home, my sister was watching TV.
帰宅すると、姉はテレビを見ていた。

玉手箱	だれが	する（です）	だれ・なに	どこ	いつ
～とき **When**	私は **I**	来た **came**		家に **home,**	
	姉は **my sister**	見ていた **was watching**	テレビを **TV.**		

I would tell you if I knew his name.
もし私が彼の名前を知っていたら、君に教えるだろう。

玉手箱	だれが	する（です）	だれ・なに	どこ	いつ
	私は **I**	教えるだろう **would tell**	あなたに **you**		
もし～なら **if**	私は **I**	知っていた **knew**	彼の名前を **his name.**		

間投詞
リアクションで感情豊かに

「あ、痛い」「あのね」「わあ」など、人が喜びや悲しみ、驚きなどの感情を表す際に用いる言葉で、独立した形でよく用いられます。間投詞は、映画やドラマなどでよく耳にする言葉です。間投詞については使用する場面や状況とともに覚えておきましょう。ふつう文の最初に使われます。

間投詞が関係するのは [玉手箱] のボックス！

Oops, I forgot to bring an umbrella. しまった、傘を持ってくるのを忘れた。

玉手箱	だれが	する（です）	だれ・なに	どこ	いつ
しまった **Oops,**	私は **I**	忘れた **forgot**	傘を持ってくるのを **to bring an umbrella.**		

間投詞は、あいづちや、喜び、驚きなどの感情を表すときの言葉！

間投詞を使いこなして、リアクション名人!?

場面ごとによく使う間投詞をいくつかご紹介します。

場面	間投詞
ほっとしたとき	**Phew** フー
痛かったとき	**Ouch** あいたっ
驚いたとき	**Wow** わあっ／**Oh** おお
失敗したとき	**Uh-oh** あらら／**Oops** しまった
嫌悪感	**Yuck** うえっ
やった!というとき	**Hurray** ばんざい
聞いてるよ、の意思表示	**Uh-huh** うんうん
納得していない、考えている	**Hum** ふうん
言いよどみ／切り替え	**Well** えーと／さて

（例）**Well, let's take a break.** さて、ひとやすみしましょう。

玉手箱	だれが	する(です)	だれ・なに	どこ	いつ
さて **Well,**	（省略）	取りましょう **let's take**	休憩を **a break.**		

MEMO

上記以外にも、軽いあいさつのHiやHello（やあ）、相手によびかけるSay（あのね）も間投詞です。

田地野　彰（たじの・あきら）
京都大学名誉教授。名古屋外国語大学教授。言語学博士（Ph.D.）。
専門は教育言語学・英語教育。英語教育分野における代表的な国際誌
ELT Journal（英国オックスフォード大学出版局）の編集委員をはじめ、
国内外の主要学術誌の編集・査読委員などを歴任。一般社団法人大学
英語教育学会特別顧問。著書に『〈意味順〉英作文のすすめ』（岩波書
店）、『音声DL BOOK 中学英語でパッと話せる！「意味順」式 おとな
の英会話トレーニング』（NHK出版）、*A New Approach to English Peda
gogical Grammar: The Order of Meanings*（英国Routledge）など多数。
監修に『「意味順」で中学英語をやり直す本』（KADOKAWA）、『自由
自在／中学英語』（受験研究社）、NHKテレビ語学番組Eテレ「基礎英
語ミニ（2012上半期）」、「意味順ノート」（日本ノート）などがあり、
NHKラジオテキスト『基礎英語1（2013-2014年度）』や、『ラジオで！
カムカムエヴリバディ（2021年度）』（NHK出版）での連載なども担当。

デザイン／chichols
イラスト／熊アート（小林由枝）
DTP・校正／鷗来堂
英文校閲者／John Andras Molnar
編集協力／市川順子

「意味順」式　イラストと図解でパッとわかる　英文法図鑑

2021年3月19日　初版発行
2024年6月20日　10版発行

著者／田地野　彰

発行者／山下　直久

発行／株式会社KADOKAWA
〒102-8177　東京都千代田区富士見2-13-3
電話　0570-002-301（ナビダイヤル）

印刷所／大日本印刷株式会社